365 DIAS
COM A DIVINA MISERICÓRDIA

© 2016 by Rodrigo Natal

Direitos de edição da obra em língua portuguesa no Brasil adquiridos pela Petra Editorial Ltda. Todos os direitos reservados. Nenhuma parte desta obra pode ser apropriada e estocada em sistema de banco de dados ou processo similar, em qualquer forma ou meio, seja eletrônico, de fotocópia, gravação etc., sem a permissão do detentor do copirraite.

Petra Editora
Rua Nova Jerusalém, 345 – Bonsucesso – 21042-235
Rio de Janeiro – RJ – Brasil
Tel.: (21) 3882-8200 – Fax: (21)3882-8212/8313

Imagens de miolo: Sutterstock, VDA FreeImages, Freepik, Photodisc

CIP-BRASIL. CATALOGAÇÃO NA PUBLICAÇÃO
SINDICATO NACIONAL DOS EDITORES DE LIVROS, RJ

N224t   Natal, Rodrigo
            365 dias com a divina misericórdia / Rodrigo Natal. - 1.
        ed. - Rio de Janeiro : Petra, 2017
            264 p. : il. ; 23 cm.

        1. Vida cristã. 2. Deus. 3. Religião I. Título.

                                        CDD: 248.4
    16-38705   CDU: 27-584

PE. RODRIGO NATAL

365 DIAS
COM A DIVINA MISERICÓRDIA

Descubra a coragem e o amor no Jesus Misericordioso

petra

Canção Nova
EDITORA

PARA CORRER A MARATONA DE CRISTO, DEVE-SE GANHAR RESISTÊNCIA ESPIRITUAL E PERCORRER A TRAJETÓRIA QUE ELE MESMO COLOCOU DIANTE DE NÓS.

A caminhada cristã é uma corrida que se desdobra ao longo da vida, que é construída dia após dia, mês a mês, ano a ano, e que implica subir algumas longas colinas e passar por alguns vales pantanosos. Percorrê-la até o fim exige autodisciplina para entrar em boa forma; é preciso manter a motivação e nutrir o esforço. Ninguém entra em uma maratona, em uma corrida, com o pensamento de abandoná-la depois de metros ou quilômetros. Finalizar com sucesso é tudo, é o verdadeiro desejo. Nesta corrida, você não está competindo com outros irmãos. Estamos todos no mesmo time. Estamos competindo contra o inimigo de nossas almas, que se opõe ao Reino de Deus e nos quer afastar de nossa meta, que é o Céu.

Observações para viver bem esses 365 dias

QUEM DEFINE A TRAJETÓRIA É DEUS

Se formos correr uma maratona, não cabe a nós traçar o próprio curso. A corrida nos é apresentada, e qualquer alteração que façamos na execução do percurso implica em nossa desclassificação. Deus, rico em Amor e Misericórdia, define o rumo para cada um de nós, assim como Ele definiu o rumo da cruz de Jesus. O caminho que Ele tem para nós é o melhor...

Para terminar a maratona cristã, é importante ter na mente e no coração que o desejo desse Deus que define o curso da prova nunca é a desclassificação de nenhum corredor, mas sempre a readequação dos maratonistas que se perderam na corrida. Podemos não entender, em princípio, partes do percurso. Podemos estar propensos a resmungar, a murmurar e dispersar. Mas superemos esses limites em oração e sejamos capazes de correr pela fé e submeter a nossa vontade à vontade divina.

A NOSSA PARTE É A DE CORRER COM PERSEVERANÇA

Antes de assumir o compromisso cristão, precisamos pensar sobre essa realidade para não fazê-lo de forma superficial. Numa corrida natural, é preciso saber controlar a velocidade e o andamento. E, se você quiser estar em forma, tem até de mudar hábitos alimentares. É preciso também viver a vida cristã com todos os esforços próprios. Senão não teremos fôlego suficiente para percorrermos a corrida. Obviamente, uma das chaves para correr a distância inteira, bem como a motivação que nos fará perseverar, está em que nessa corrida receberemos a força do próprio Deus, que nos dará sempre o fôlego que precisamos.

365

com a apóstola* da Misericórdia, Santa Faustina Kowalska

Assim foi apresentada a Irmã Faustina pelo então Papa João Paulo II:

"É deveras grande a minha alegria, ao propor hoje à Igreja inteira, como dom de Deus para o nosso tempo, a vida e o testemunho da Irmã Faustina Kowalska. Pela Divina Providência a vida desta humilde filha da Polônia esteve completamente ligada à história do século XX, que há pouco deixamos atrás. De fato, foi entre a Primeira e a Segunda Guerra Mundial que Cristo lhe confiou a sua mensagem de misericórdia. Aqueles que recordam, que foram testemunhas e participantes nos eventos daqueles anos e nos horríveis sofrimentos que daí derivaram para milhões de homens, bem sabem que a mensagem da misericórdia é necessária.

Jesus disse à Irmã Faustina: 'A humanidade não encontrará paz enquanto não se voltar, com confiança, para a Minha misericórdia' (Diário, 300). Através da obra da religiosa polaca, esta mensagem esteve sempre unida ao século XX, último do segundo milênio e ponte para o terceiro. Não é uma mensagem nova, mas pode-se considerar um dom de especial iluminação, que nos ajuda a reviver de maneira mais intensa o Evangelho da Páscoa, para o oferecer como um raio de luz aos homens e às mulheres do nosso tempo."

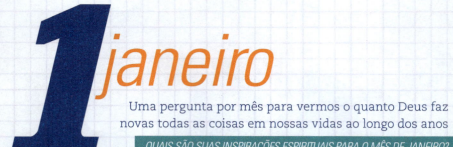

1 janeiro

Uma pergunta por mês para vermos o quanto Deus faz novas todas as coisas em nossas vidas ao longo dos anos

QUAIS SÃO SUAS INSPIRAÇÕES ESPIRITUAIS PARA O MÊS DE JANEIRO?

Ano de 20....

Ano de 20....

Ano de 20....

Ano de 20....

Check-in: Onde estivemos até agora

Coragem cristã é a vontade de dizer e fazer as coisas certas, independentemente do esforço humano necessário, sempre na firme certeza de que provaremos da ajuda de Cristo Jesus.

Um ato que tem a necessidade de envolver coragem provavelmente será doloroso, dificultoso. A dor e a dificuldade podem ser físicas, como em operações de guerra e resgate, ou podem ser emocionais, como em confrontos e controvérsias.

DIA 1 com a DIVINA MISERICÓRDIA — 1º de janeiro

Jesus a Santa Faustina
"Encoraja as almas com as quais convives à confiança na Minha infinita misericórdia. Oh! Quanto amo as almas que têm plena confiança em Mim! Tudo farei por elas." (Diário, 294)

DIA 2 com a DIVINA MISERICÓRDIA — 2 de janeiro

Jesus a Santa Faustina
"Desejo que seja louvada a Minha Misericórdia. Estou dando à Humanidade a última tábua da salvação, isto é, o refúgio na Minha Misericórdia." (Diário, 998)

DIA 3 com a DIVINA MISERICÓRDIA — 3 de janeiro

Santa Faustina a Jesus
"O Vosso Nome é o sol, cujos raios iluminam, mas também aquecem, e sob a influência do qual a alma torna-se bela e brilhante, extraindo o esplendor do Vosso Nome." (Diário, 862)

FÉ, CORAGEM E CONFIANÇA EM DEUS

"Sê forte e corajoso; não tenhas medo, nem te espantes, porque o Senhor teu Deus está contigo aonde quer que vás." (Josué 1,9)

"Não temas, porque eu sou contigo; nem te espantes, porque eu sou teu Deus. Eu te fortaleço. Sim, eu te ajudarei, eu o segurarei com a destra da minha justiça." (Isaías 41,10)

DIA 4 com a DIVINA MISERICÓRDIA — 4 de janeiro

Jesus a Santa Faustina
"Sou puro Amor e a própria Misericórdia. Quando uma alma se aproxima de Mim com confiança, encho-a com tantas graças."
(Diário, 1074)

2 Coríntios 12, 9-10

Mas o Senhor disse-me: "Basta-te a minha graça; pois é na fraqueza que a força se realiza plenamente." Por isso, de bom grado, me gloriarei das minhas fraquezas, para que a força de Cristo habite em mim; e me comprazo nas fraquezas, nos insultos, nas dificuldades, nas perseguições e nas angústias por causa de Cristo. Pois, quando sou fraco, então sou forte.

Calma!

A força de Deus existe!

E ela é demonstrada através da nossa fraqueza. Na fraqueza percebemos que precisamos de Deus. Se as pessoas virem as vitórias por si sós, e não as crescentes experiências diárias, pensariam erroneamente que possuem todas as (ou a maioria das) respostas para a vida, mas sabemos que isso não condiz com a verdadeira realidade. Sabemos que somos o que somos apenas porque Deus nos deu a força.

Somos fracos.
Deixemos Deus lidar com isso.

E tudo ficará bem...

DIA 5 com a DIVINA MISERICÓRDIA — 5 de janeiro

Jesus a Santa Faustina
"As almas que divulgam o culto da Minha misericórdia, Eu as defendo por toda a vida como uma mãe defende o seu filhinho, e, na hora da morte, não serei Juiz para elas, mas sim o Salvador Misericordioso." (Diário, 1075)

"Faze-me justiça, ó Deus, defende minha causa contra gente infiel; livra-me de quem é mentiroso e enganador."

Salmo 43, 1

DIA 6 com a DIVINA MISERICÓRDIA — 6 de janeiro

Jesus a Santa Faustina

"Não posso castigar, mesmo o maior dos pecadores, se ele recorre à Minha compaixão, mas justifico-o na Minha insondável e inescrutável misericórdia."
(Diário, 1146)

ORAÇÃO DO COBRADOR DE IMPOSTOS

O cobrador de impostos pede misericórdia em uma oração de arrependimento

Lucas 18, 13

"O PUBLICANO, PORÉM, FICOU À DISTÂNCIA
E NEM SE ATREVIA A LEVANTAR OS OLHOS PARA
O CÉU; MAS BATIA NO PEITO, DIZENDO:
'MEU DEUS, TEM COMPAIXÃO DE MIM,
QUE SOU PECADOR!'"

DIA 7 com a DIVINA MISERICÓRDIA — 7 de janeiro

Jesus a Santa Faustina

"Antes de vir como justo Juiz, abro de par em par as portas da Minha misericórdia. Quem não quiser passar pela porta da misericórdia, terá que passar pela porta da Minha justiça..." (Diário, 1146)

Jesus disse: "Eu sou a porta" **(João 10, 7)**. *Há apenas um caminho que se abre largamente à vida de comunhão com Deus: este é Jesus, o único e absoluto caminho para a salvação. A Ele se aplicam as palavras do salmista: "Este é a própria porta do Senhor: onde o justo pode entrar"* **(Salmo 117, 20).**

Passar por esta porta significa professar que JESUS CRISTO É SENHOR, **é ter reforçada a nossa fé nele e abraçar a vida nova que** ELE **nos deu.**

DIA 8 com a DIVINA MISERICÓRDIA — 8 de janeiro

Jesus a Santa Faustina
"Coloquem a esperança na Minha misericórdia os maiores pecadores." (Diário, 1146)

DIA 9 com a DIVINA MISERICÓRDIA — 9 de janeiro

Jesus a Santa Faustina
"Sou o Amor e a própria Misericórdia. (...) A alma que confiar na Minha misericórdia é a mais feliz, porque Eu mesmo cuido dela." (Diário, 1273)

DIA 10 com a DIVINA MISERICÓRDIA — 10 de janeiro

Jesus a Santa Faustina
"Sou mais generoso para com os pecadores do que para com os justos. Foi por eles que desci à Terra... por eles derramei o Meu Sangue. Que não tenham medo de se aproximar de Mim. São eles que mais necessitam da minha Misericórdia." (Diário, 1275)

DIA 11 com a DIVINA MISERICÓRDIA — 11 de janeiro

Jesus a Santa Faustina
"Desejo que o mundo todo conheça a Minha Misericórdia." (Diário, 687)

2 dicas para aprofundar a fé a partir de hoje

#dica1 ENVOLVER-SE COM A IGREJA
A Bíblia nos incentiva a nos reunirmos regularmente com outros irmãos (Cf. Hebreus 10, 25). Isso é fundamental para o crescimento espiritual.

#dica2 DESENVOLVER UM PLANO DE ORAÇÃO DIÁRIO
Muitos cristãos veem a vida cristã como uma longa lista de "faça" e "não faça". Eles ainda não descobriram que o tempo gasto com Deus é um privilégio que temos, e não uma obrigação. Comece com práticas diárias simples para criar aos poucos o ritmo que é certo para você.

DIA 12 com a DIVINA MISERICÓRDIA — 12 de janeiro

Jesus a Santa Faustina

"Desejo conceder graças inconcebíveis às almas que têm confiança na Minha Misericórdia." (Diário, 687)

DIA 13 com a DIVINA MISERICÓRDIA — 13 de janeiro

Jesus a Santa Faustina

"Deves mostrar-te misericordiosa com os outros, sempre e em qualquer lugar. Tu não podes te omitir, desculpar-te ou justificar-te." (Diário, 742)

DIA 14 com a DIVINA MISERICÓRDIA — 14 de janeiro

Santa Faustina a Jesus

"Confiando em Vossa misericórdia, caminho pela vida como uma criança, e faço-Vos, diariamente, o sacrifício do meu coração." (Diário, 2)

— ORAÇÃO DO DIA —

Ó Mestre, deixa-me andar contigo nos caminhos humildes da doação livre; ensina-me a Tua verdade, ajudando-me a suportar a tensão do trabalho, o desgaste da ansiedade. Ensina-me a Tua paciência. Contigo, ó Mestre, quero viver.

DIA 15 com a DIVINA MISERICÓRDIA — 15 de janeiro

Reflexão de Santa Faustina
"No sofrimento, cristaliza-se o amor. Quanto maior o sofrimento, tanto mais puro torna-se o amor." (Diário, 57)

DEUS É MAIOR QUE O SEU SOFRIMENTO

Este é o propósito universal de Deus para todo o sofrimento cristão: mais contentamento em Deus e menos satisfação em si e no mundo. Eu nunca ouvi alguém dizer: "As lições mais profundas da vida vieram em tempos de facilidade e conforto."

DIA 16 com a DIVINA MISERICÓRDIA — 16 de janeiro

Jesus a Santa Faustina
"Eu estou sempre no teu coração."
(Diário, 78)

DIA 17 com a DIVINA MISERICÓRDIA — 17 de janeiro

Jesus a Santa Faustina
"Desejo que os sacerdotes anunciem essa Minha grande Misericórdia para com as almas pecadoras."
(Diário, 50)

DIA 18 com a DIVINA MISERICÓRDIA — **18 de janeiro**

PALAVRA DO PAPA FRANCISCO PARA HOJE

Que grande alegria é para mim poder dar-vos este anúncio:
Cristo ressuscitou! Queria que chegasse a cada casa, a cada família e, especialmente, onde há mais sofrimento, aos hospitais, às prisões…
Sobretudo queria que chegasse a todos os corações, porque é lá que Deus quer semear esta Boa-nova: Jesus ressuscitou, há uma esperança que despertou para ti, já não estás sob o domínio do pecado, do mal! Venceu o amor, venceu a misericórdia! A misericórdia sempre vence!
"Mensagem Urbi et Orbi",
31 de março de 2013

DIA 19 com a DIVINA MISERICÓRDIA — **19 de janeiro**

Santa Faustina a Jesus
"Ouvi as súplicas da minha alma! Não se esgotou, Senhor, a Vossa misericórdia, portanto tende compaixão da minha miséria." (Diário, 69)

SALMO DE MISERICÓRDIA
SALMO 25, 1-2

A ti, Senhor, elevo a minha alma, meu Deus, em ti me refugio: que eu não fique decepcionado! Não triunfem sobre mim meus inimigos!

DIA 20 com a DIVINA MISERICÓRDIA — 20 de janeiro

"Mas, para ouvir a voz de Deus, é preciso ter o silêncio da alma e calar-se, não com um silêncio sombrio, mas com o silêncio na alma, isto é, com o recolhimento em Deus." (Reflexão de Santa Faustina, Diário, 118)

SALMO DE MISERICÓRDIA
SALMO 25, 3-7

Não fiquem desiludidos os que em ti esperam; fique confuso quem é infiel por um nada. Mostra-me, Senhor, os teus caminhos, ensina-me tuas veredas. Faz-me caminhar na tua verdade e instrui-me, porque és o Deus que me salva, e em ti sempre esperei. Lembra-te, Senhor, do teu amor e da tua fidelidade desde sempre. Não recordes os pecados da minha juventude e as minhas transgressões; lembra-te de mim na tua misericórdia, pela tua bondade, Senhor.

DIA 21 com a DIVINA MISERICÓRDIA — 21 de janeiro

Reflexão de Santa Faustina
"Reconheço que Deus nunca permitirá mais do que possamos suportar." (Diário, 78)

SALMO DE MISERICÓRDIA
SALMO 25, 8-14

Bom e reto é o Senhor, por isso indica aos pecadores o caminho certo; guia os humildes na sua justiça, aos pobres ensina seus caminhos. Todas as veredas do Senhor são amor e verdade para quem observa sua aliança e seus preceitos. Por teu nome, Senhor, perdoa meu pecado, por maior que seja. Qual é o homem que teme ao Senhor? Indica-lhe o caminho a seguir. Ele viverá feliz, sua descendência possuirá a terra. O Senhor se faz íntimo de quem o teme, dá-lhe a conhecer sua aliança.

DIA 22 com a DIVINA MISERICÓRDIA — 22 de janeiro

Santa Faustina a Jesus

"Fazei de mim o que Vos aprouver, Senhor, dai-me apenas a graça de eu Vos amar cada vez mais." (Diário, 751)

SALMO DE MISERICÓRDIA
SALMO 25, 15-22

Tenho os olhos fixos no Senhor, pois ele livra do laço o meu pé. Volta-te para mim e tem misericórdia, porque sou só e infeliz. Alivia as angústias do meu coração, livra-me das aflições. Vê minha miséria e minha pena e perdoa todos os meus pecados. Olha os meus inimigos: são tantos! E me detestam com ódio violento. Protege-me, dá-me a salvação; sob tua proteção eu não fique desiludido. Integridade e retidão me protejam, pois em ti confiei.
Ó Deus, livra Israel de toda a sua aflição.

DIA 23 com a DIVINA MISERICÓRDIA — 23 de janeiro

Santa Faustina a Jesus

"Ó Sangue e Água, que jorrastes do Coração de Jesus como fonte de misericórdia para nós, eu confio em Vós!" (Diário, 84)

MEDITE COM SÃO JOÃO PAULO II, O PAPA DA MISERICÓRDIA

A misericórdia divina atinge os homens através do Coração de Cristo crucificado: "Minha filha, dize que sou o Amor e a Misericórdia em pessoa", pedirá Jesus à irmã Faustina. Cristo derrama esta misericórdia sobre a humanidade mediante o envio do Espírito que, na Trindade, é a Pessoa-Amor. E porventura não é a misericórdia o "segundo nome" do amor, cultuado no seu aspecto mais profundo e terno, na sua atitude de cuidar de toda a necessidade, sobretudo na sua imensa capacidade de perdão?

(Homilia da canonização da Beata Faustina Kowalska, domingo, 30 de abril de 2000)

DIA 24 com a DIVINA MISERICÓRDIA — 24 de janeiro

Santa Faustina a Jesus
"Não importa por quais caminhos me conduzireis – dolorosos ou gozosos. Eu desejo amar-Vos em cada momento da minha vida." (Diário, 751)

DIA 25 com a DIVINA MISERICÓRDIA — 25 de janeiro

Santa Faustina a Jesus
"Jesus, meu guia, ensinai-me para que todas as minhas orações e minhas ações tenham impresso em si o sigilo da Vossa misericórdia." (Diário, 755)

As obras de misericórdia espirituais fazem parte da tradição cristã, aparecendo nas obras de teólogos e escritores espirituais ao longo da história. Assim como Jesus possibilitou o bem-estar espiritual àqueles a que ministrou estas obras de misericórdia, se as praticarmos também ajudaremos o próximo em suas necessidades espirituais.

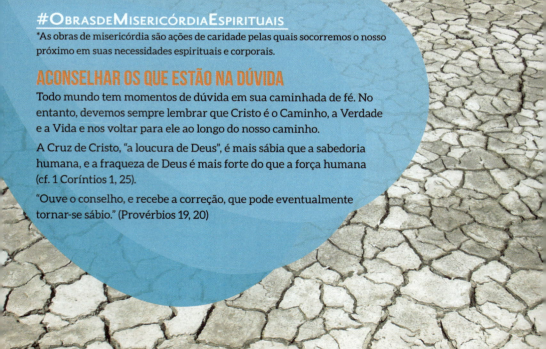

#ObrasdeMisericórdiaEspirituais

*As obras de misericórdia são ações de caridade pelas quais socorremos o nosso próximo em suas necessidades espirituais e corporais.

ACONSELHAR OS QUE ESTÃO NA DÚVIDA

Todo mundo tem momentos de dúvida em sua caminhada de fé. No entanto, devemos sempre lembrar que Cristo é o Caminho, a Verdade e a Vida e nos voltar para ele ao longo do nosso caminho.

A Cruz de Cristo, "a loucura de Deus", é mais sábia que a sabedoria humana, e a fraqueza de Deus é mais forte do que a força humana (cf. 1 Coríntios 1, 25).

"Ouve o conselho, e recebe a correção, que pode eventualmente tornar-se sábio." (Provérbios 19, 20)

DIA 26 com a DIVINA MISERICÓRDIA — *26 de janeiro*

Reflexão de Santa Faustina

"E Deus deu-me a conhecer uma única coisa que, a Seus olhos, tem valor infinito, que é o amor a Deus; amor, amor, e mais uma vez amor." (Diário, 778)

DIA 27 com a DIVINA MISERICÓRDIA — *27 de janeiro*

Santa Faustina a Jesus

"Ó meu Jesus, transformai-me em Vós, pela força do Vosso amor, para que eu seja um digno instrumento de divulgação da Vossa misericórdia." (Diário, 783)

DIA 28 com a DIVINA MISERICÓRDIA — *28 de janeiro*

Santa Faustina a Jesus

"Jesus Misericordioso, Convosco irei com bravura e coragem para o combate e as batalhas." (Diário, 859)

PARA PENSAR DURANTE O DIA:

A coragem não é uma virtude autônoma, autogerada. Coragem é sempre produzida pela fé, se nossa fé está em Deus. Coragem é uma virtude derivada. Para o cristão, a falta de coragem é o que o autor da carta aos Hebreus chama "retroceder" (Hebreus 10, 37-38); trata-se de uma falta de fé nas promessas de Deus. Assim, alguns problemas, porque os encaramos de forma inadequada, se tornam aparentemente maiores do que Deus em nossa visão. Lutar com esses problemas pode parecer impossível, e o pensamento nos imobilizará. Lutemos contra o medo e a incredulidade.

DIA 29 com a DIVINA MISERICÓRDIA — 29 de janeiro

Jesus a Santa Faustina
"A alma que muito Me ama deve viver segundo a Minha vontade." (Diário, 1023)

Dia para nos deixarmos convencer de que a vontade de Deus é o melhor para nós...

DIA 30 com a DIVINA MISERICÓRDIA — 30 de janeiro

Jesus a Santa Faustina
"Desejo confiança das Minhas criaturas. Exorta as almas a uma grande confiança na Minha insondável Misericórdia." (Diário, 1059)

"MISERICORDIANDO" COM O PAPA FRANCISCO

"O seu amor é para sempre" (Salmo 118/117, 2). É verdade, a misericórdia de Deus é eterna; não acaba, não se esgota, não se dá por vencida diante das portas fechadas e nunca se cansa. Neste "para sempre", encontramos apoio nos momentos de provação e fraqueza, porque temos a certeza de que Deus não nos abandona: permanece conosco para sempre. Demos-Lhe graças por este amor tão grande que nos é impossível compreender. É tão grande! Peçamos a graça de nunca nos cansarmos de tomar a misericórdia de Deus e levá-la pelo mundo: peçamos para ser misericordiosos, a fim de irradiar por todo o lado a força do Evangelho, para escrever aquelas páginas do Evangelho que o apóstolo João não escreveu.

DIA 31 com a DIVINA MISERICÓRDIA — 31 de janeiro

Jesus a Santa Faustina
"Que a alma fraca, pecadora, não tenha medo de se aproximar de Mim, pois, mesmo que os seus pecados fossem mais numerosos que os grãos de areia da Terra, ainda assim seriam submersos no abismo da Minha misericórdia." (Diário, 1059)

2 fevereiro

Uma pergunta por mês para vermos o quanto Deus faz novas todas as coisas em nossas vidas ao longo dos anos

O MÊS DE FEVEREIRO SERÁ DIFERENTE POR QUÊ?

Ano de 20....

Ano de 20....

Ano de 20....

Ano de 20....

DIA 32 com a DIVINA MISERICÓRDIA — *1º de fevereiro*

Jesus a Santa Faustina
"Ainda que em certas horas não Me sintas, Eu estarei junto de ti. Não temas, a Minha graça estará contigo..." (Diário, 1767)

Seja forte e corajoso
"NÃO TE ORDENEI QUE SEJAS FORTE E CORAJOSO? NÃO TENHAS MEDO, NÃO TE ACOVARDES, POIS O SENHOR, TEU DEUS, ESTARÁ CONTIGO POR ONDE QUER QUE VÁS." (JOSUÉ 1, 9)

DIA 33 com a DIVINA MISERICÓRDIA — *2 de fevereiro*

Jesus a Santa Faustina
"Diz à Humanidade sofredora que se aconchegue no Meu misericordioso Coração, e Eu a encherei de paz." (Diário, 1074)

DIA 34 com a DIVINA MISERICÓRDIA — *3 de fevereiro*

Reflexão de Santa Faustina
"É pela oração que a alma se arma para toda espécie de combate. Em qualquer estado em que se encontre, a alma deve rezar." (Diário, 146)

REZE...
"Depois combinou com o povo que os cantores sacros se apresentariam em paramentos sagrados para entoar hinos, e ao marchar à frente dos soldados armados cantariam: 'Louvai o Senhor, pois eterno é seu amor.'
Logo que ressoaram os cantos de alegria, o Senhor fez os que marchavam contra Judá caírem numa emboscada, de modo que começaram a tombar" (2 Crônicas 20, 21-22)

DIA 35 com a DIVINA MISERICÓRDIA — *4 de fevereiro*

Santa Faustina a Jesus
"Jesus, eu confio em Vós contra toda a esperança (...). Fazei de mim o que quiserdes, que não me afastarei de Vós, porque Vós sois a fonte da minha vida." (Diário, 24)

"MISERICORDIANDO" COM O PAPA FRANCISCO

Todo o vosso serviço adquire sentido e forma a partir desta palavra: "misericórdia", palavra latina cujo significado etimológico é "miseris cor dare", "dar o coração aos miseráveis", a quantos estão em necessidade, àqueles que sofrem. Foi o que Jesus fez: abriu de par em par o seu Coração à miséria do homem. O Evangelho está cheio de episódios que apresentam a misericórdia de Jesus, a gratuidade do seu amor por quantos sofrem, pelos mais frágeis. Das narrações evangélicas podemos sentir a proximidade, a bondade e a ternura com as quais Jesus acompanhava as pessoas sofredoras e as consolava, dando-lhes alívio e, muitas vezes, a cura. A exemplo do nosso Mestre, também nós somos chamados a tornar-nos próximos, a compartilhar a condição das pessoas com as quais nos encontramos. É necessário que as nossas palavras, os nossos gestos e as nossas atitudes manifestem a solidariedade, a vontade de não permanecermos alheios à dor dos outros, e isto com entusiasmo fraternal e sem cairmos em qualquer forma de paternalismo.

(Discurso à Confederação Nacional das Misericórdias da Itália e aos grupos "Fratres", 14 de junho de 2014)

DIA 36 com a DIVINA MISERICÓRDIA — 5 de fevereiro

Santa Faustina a Jesus
"Honra e glória sejam dadas à Misericórdia Divina por todas as criaturas, por todos os séculos e séculos." (Diário, 1005)

UM VERSÍCULO SOBRE A FORÇA DE DEUS
SALMO 27, 1
"O Senhor é a minha luz e a minha salvação; a quem temerei? O Senhor é a fortaleza da minha vida; de quem terei medo?"

DIA 37 com a DIVINA MISERICÓRDIA — 6 de fevereiro

Jesus a Santa Faustina
"Fica sabendo que tudo de bem que fizerdes a qualquer alma, Eu o aceito como se o tivesses feito a Mim mesmo." (Diário, 1768)

DIA 38 com a DIVINA MISERICÓRDIA **7 de fevereiro**

Jesus a Santa Faustina
"Aceitarás com amor todos os sofrimentos." (Diário, 1767)

Verdades bíblicas importantes para preparar o cristão para o sofrimento

O SOFRIMENTO TEM MUITAS FACES
"Somos afligidos de todos os lados, mas não vencidos pela angústia; postos em apuros, mas não desesperançados; perseguidos, mas não desamparados; derrubados, mas não aniquilados." (2 Coríntios 4, 8-9)

SOFRIMENTO SE VIVE NA IGREJA
"Carregai os fardos uns dos outros; assim cumprireis a lei de Cristo." (Gálatas 6, 2)

O SOFRIMENTO NOS EQUIPA PARA O MINISTÉRIO
"Ele nos consola em todas as nossas aflições, para que, com a consolação que nós mesmos recebemos de Deus, possamos consolar os que se acham em toda e qualquer aflição." (2 Coríntios 1, 4)

O SOFRIMENTO NOS PREPARA PARA MAIS GLÓRIA
"Com efeito, a insignificância de uma tribulação momentânea acarreta para nós um volume incomensurável e eterno de glória." (2 Coríntios 4, 17-18)

DIA 39 com a DIVINA MISERICÓRDIA — 8 de fevereiro

Jesus a Santa Faustina
"Ofereço aos homens um vaso, com o qual devem vir buscar as graças na fonte da misericórdia. O vaso é a Imagem com a inscrição: 'Jesus, eu confio em vós." (Diário, 327)

DIA 40 com a DIVINA MISERICÓRDIA — 9 de fevereiro

Jesus a Santa Faustina
"Exijo de ti a infância espiritual." (Diário, 332)

Reflexão de Santa Faustina
"A criança não se preocupa com o passado nem com o futuro, mas aproveita o momento presente." (Diário, 333)

> ### SALMO DE MISERICÓRDIA
> #### SALMO 41, 2-5
> Senhor, levanta-me!
> Feliz o homem que cuida do fraco, no dia da desgraça o Senhor o libertará. Velará sobre ele o Senhor, e o fará viver feliz sobre a terra, não o entregará nas mãos dos inimigos.
> O Senhor o sustentará no leito da dor; lhe dará alívio na sua doença. Eu disse: "Piedade de mim, Senhor; cura-me, pequei contra ti."

DICAS PARA A VIDA CRISTÃ
CUIDADOS DE DEUS PARA COM O SEU POVO

O povo de Deus não está livre da pobreza, da doença ou da angústia exterior, porém o Senhor irá considerar o seu caso e enviará a devida provisão. Do exemplo de seu Senhor o fiel aprende a considerar seus irmãos enfraquecidos, pobres e aflitos. Estes gestos de misericórdia geralmente são recompensadores para quem os pratica: torna-nos mais sensíveis e enobrecidos no comportamento diário.

DIA 41 com a DIVINA MISERICÓRDIA — 10 de fevereiro

Santa Faustina a Jesus

"Ó Deus, que sois o abismo inconcebível da Misericórdia, absorvei-me como o calor do sol absorve uma gota de orvalho." (Diário, 334)

SALMO DE MISERICÓRDIA
SALMO 41, 5-14

Os inimigos me desejam o mal: "Quando é que vai morrer e ser cancelado o seu nome?" Quem vem visitar-me diz mentira, seu coração acumula maldade e, saindo fora, fala mal. Juntos murmuram contra mim meus inimigos, prevendo o mal para mim: "Uma doença ruim caiu sobre ele, de onde está deitado não vai levantar-se." Até o amigo em que eu confiava, também aquele que comia do meu pão, levanta contra mim seu calcanhar. Mas tu, Senhor, tem piedade e levanta-me, para que eu lhes possa retribuir. Nisso reconhecerei que me amas: se não triunfa de mim meu inimigo. Pela minha integridade me sustentas, e me fazes ficar na tua presença para sempre. Seja bendito o Senhor, Deus de Israel, desde sempre e para sempre. Amém, amém.

Davi, na procura do conforto, não estava encontrando tal alívio em ninguém ao seu redor. No entanto, encontrou consolo em Deus: "Mas tu, ó Senhor, tem piedade de mim." Louvado seja o Senhor por tua misericórdia e fidelidade! Foi o próprio Deus que consolou Davi em sua enfermidade: "Nisso reconhecerei que me amas."

ORAR

Amigo Jesus, Tu és o único que alivia o coração cansado. Tuas misericórdias se renovam a cada manhã, e sua benignidade nunca chega ao fim. Grande é a tua fidelidade. Ninguém dá mais livremente do que o Senhor Jesus, que nunca retém as coisas boas de seu povo. E suas graças correm para os necessitados. Jesus, eu confio em Vós!

AGIR

Hoje é um bom dia para mostrar misericórdia em favor daqueles que o rodeiam. Não porque merecem, mas porque você tem experimentado a misericórdia do Rei dos reis que transborda sobre sua vida – misericórdia que agora o inspira!

DIA 42 com a DIVINA MISERICÓRDIA — **11 de fevereiro**

Com esta oração Santa Faustina obtém a cura

"Ó Jesus, que Vosso Sangue, puro e saudável, circule no meu organismo doente, e que o Vosso Corpo, puro e saudável, transforme o meu corpo doente, e que pulse em mim uma vida saudável e vigorosa, se realmente for da Vossa santa vontade (...)." (Diário, 1089)

DIA 43 com a DIVINA MISERICÓRDIA — **12 de fevereiro**

Santa Faustina a Jesus

"Sem Vós, Jesus, não sei viver." (Diário, 814)

DIA 44 com a DIVINA MISERICÓRDIA | *13 de fevereiro*

Santa Faustina a Jesus
"Conduzi-me, ó Deus, pelos caminhos que vos aprouver. Tenho plena confiança na Vossa vontade, que constitui para mim o Amor e a própria Misericórdia."
(Diário, 1264)

MEDITE COM O PAPA FRANCISCO

São Bernardo diz numa bela Homilia: "Por estas feridas [de Jesus], posso saborear o mel dos rochedos e o azeite da rocha duríssima (cf. Dt 32, 13), isto é, posso saborear e ver como o Senhor é bom" (Sobre o Cântico dos Cânticos, 61, 4). É precisamente nas chagas de Jesus que vivemos seguros, nelas se manifesta o amor imenso do seu coração. Tomé compreendera-o. São Bernardo interroga-se: Mas, com que poderei contar? Com os meus méritos? Todo "o meu mérito está na misericórdia do Senhor. Nunca serei pobre de méritos, enquanto Ele for rico de misericórdia: se são abundantes as misericórdias do Senhor, também são muitos os meus méritos" (ibid., 5). Importante é a coragem de me entregar à misericórdia de Jesus, confiar na sua paciência, refugiar-me sempre nas feridas do seu amor. São Bernardo chega a afirmar: E se tenho consciência de muitos pecados? "Onde abundou o pecado, superabundou a graça" (Rm 5, 20). (...) Deixemo-nos envolver pela misericórdia de Deus; confiemos na sua paciência, que sempre nos dá tempo; tenhamos a coragem de voltar para sua casa, habitar nas feridas do seu amor deixando-nos amar por Ele, encontrar a sua misericórdia nos Sacramentos. Sentiremos a sua ternura maravilhosa, sentiremos o seu abraço, e ficaremos nós também mais capazes de misericórdia, paciência, perdão e amor.

REZE COM O PAPA FRANCISCO*

Senhor, aqui estou, aceita a minha pobreza, esconde nas tuas chagas o meu pecado, lava-o com o teu sangue.

Basílica de São João de Latrão, 2º domingo da Páscoa, ou da Divina Misericórdia, 7 de abril de 2013

DIA 45 com a DIVINA MISERICÓRDIA — *14 de fevereiro*

14 de fevereiro

Jesus a Santa Faustina

"Mesmo a fé mais forte de nada serve sem as obras." (Diário, 742)

#OBRASDEMISERICÓRDIAESPIRITUAIS

As obras de misericórdia são ações de caridade pelas quais socorremos o nosso próximo em suas necessidades espirituais e corporais.

ENSINAR OS IGNORANTES

Saiba mais sobre a fé cristã e esteja aberto a conversar com os outros sobre sua crença. Há sempre algo mais para descobrir sobre a fé.

"É ilusório pensar que, tendo pela frente uma razão débil, a fé goze de maior incidência; pelo contrário, cai no grave perigo de ser reduzida a um mito ou superstição". (São João Paulo II, *Encíclica Fides et ratio*, 48)

PALAVRA DE MISERICÓRDIA

"Ide, pois, fazer discípulos entre todas as nações, e batizai-os em nome do Pai, do Filho e do Espírito Santo. Ensinai-lhes a observar tudo o que vos tenho ordenado. Eis que estou convosco todos os dias, até o fim dos tempos." (Mateus 28, 19-20)

DIA 46 com a DIVINA MISERICÓRDIA — 15 de fevereiro

Santa Faustina a Jesus
"Sinto uma profunda paz, e essa paz decorre do testemunho que me dá a consciência, isto é, que sempre cumpro a Vossa vontade, Senhor." (Diário, 1328)

DICA DE HOJE

Temos que evangelizar os nossos colegas de trabalho e os membros da nossa família. Os pais têm o dever de instruir os filhos na fé com todo o esforço necessário. Devemos agir como flechas apontando para a verdade e trazendo estas almas preciosas para aqueles que podem instruí-las ainda com mais profundidade. Onde nosso conhecimento se esgotar, busquemos a assistência da Igreja.

DIA 47 com a DIVINA MISERICÓRDIA — 16 de fevereiro

Reflexão de Santa Faustina
"Durante a oração ardente, a alma se sente tranquilizada (...)." (Diário, 1387)

DIA 48 com a DIVINA MISERICÓRDIA — *17 de fevereiro*

Santa Faustina a Jesus
"Ó meu Jesus, até logo, já tenho que ir trabalhar, mas provarei o meu amor para Convosco pelo sacrifício (...)." (Diário, 1385)

ORAÇÃO PARA O DIA DE TRABALHO

Deus Todo-poderoso, Te agradecemos pelo trabalho deste dia. Que possamos encontrar alegria em sua labuta e dificuldade, seu prazer e sucesso, e até mesmo no seu fracasso e tristeza. Convido-Te, Jesus, para estar comigo hoje. Para que eu possa executar cada tarefa com diligência, paciência e o melhor de minha capacidade; para que possa servir com integridade e falar com clareza; para que possa entender o meu papel e a finalidade de contribuir dignamente. Ajuda-me a enfrentar cada desafio com sabedoria. Senhor, por favor trabalha em mim e através de mim hoje.

DIA 49 com a DIVINA MISERICÓRDIA — *18 de fevereiro*

Reflexão de Santa Faustina
"Bendito seja o Senhor, que é fiel às Suas promessas." (Diário, 1300)

DIA 50 com a DIVINA MISERICÓRDIA — *19 de fevereiro*

Santa Faustina a Jesus
"Quem está convosco, Senhor, não perecerá." (Diário, 1322)

DIA 51 com a DIVINA MISERICÓRDIA — **20 de fevereiro**

Reflexão de Santa Faustina

"Nessa Chaga aberta do Coração de Jesus encerro toda a pobre Humanidade... e certas pessoas, a quem amo em particular (...)." (Diário, 1309)

SÃO JOÃO PAULO II, O PAPA DA MISERICÓRDIA

O Coração de Cristo! O seu "Sagrado Coração" deu tudo aos homens: a redenção, a salvação, a santificação. Deste Coração superabundante de ternura Santa Faustina Kowalska viu sair dois raios de luz que iluminavam o mundo. "Os dois raios segundo quanto o próprio Jesus lhe disse representam o sangue e a água". O sangue recorda o sacrifício do Gólgota e o mistério da Eucaristia; a água, segundo o rico simbolismo do evangelista João, faz pensar no batismo e no dom do Espírito Santo (cf. João 3, 5; 4, 14).

Através do mistério deste coração ferido, não cessa de se difundir também sobre os homens e as mulheres da nossa época o fluxo reparador do amor misericordioso de Deus. Quem aspira à felicidade autêntica e duradoura, unicamente nele pode encontrar o seu segredo.

Homilia do Domingo da Divina Misericórdia, 22 de abril de 2001

DIA 52 com a DIVINA MISERICÓRDIA — **21 de fevereiro**

Jesus a Santa Faustina

"Deves saber que, todas as vezes que vens a Mim, humilhando-te e pedindo perdão, derramo uma imensidade de graças na tua alma e a tua falta desaparece diante de Mim." (Diário, 1293)

DIA 53 com a DIVINA MISERICÓRDIA — 22 de fevereiro

Aniversário da aparição de Jesus Misericordioso a Santa Faustina

Jesus a Santa Faustina
"Pinta uma Imagem de acordo com o modelo que estás vendo, com a inscrição: Jesus, eu confio em Vós! (...) Prometo que a alma que venerar esta Imagem não perecerá." (Diário, 47-48)

Apóstola da Misericórdia Santa Faustina Kowalska

Em 5 de outubro de 1938, uma jovem religiosa com o nome de Irmã Faustina (Helen Kowalska) morreu em um convento da Congregação das Irmãs de Nossa Senhora da Misericórdia em Cracóvia, Polônia. Ela veio de uma família muito pobre, que tinha trabalhado duro em sua pequena fazenda durante os terríveis anos da Primeira Guerra Mundial. A irmã teve apenas três anos de educação muito simples. Dela eram as mais humildes tarefas no convento, geralmente na cozinha ou horta, ou como porteira. Em 22 de fevereiro de 1931, Nosso Senhor e Salvador Jesus Cristo apareceu para esta simples freira, trazendo com Ele uma mensagem maravilhosa de Misericórdia para toda a humanidade.

DIA 54 com a DIVINA MISERICÓRDIA — 23 de fevereiro

Jesus a Santa Faustina
"O meu olhar, nesta Imagem, é o mesmo que eu tinha na cruz." (Diário, 326)

REZE CONTEMPLANDO O OLHAR DA IMAGEM DE JESUS

O olhar de Jesus sempre nos faz dignos, nos dá dignidade. É um olhar generoso.

O OLHAR DE JESUS SEMPRE NOS ELEVA

É um olhar que sempre nos eleva, e nunca nos deixa no mesmo lugar, nunca nos deixa para baixo, nunca nos humilha. Ele convida-o a levantar-se – um olhar que faz você crescer, avançar, que incentiva você, porque [Aquele que olha para você] te ama. Nesse olhar você sentirá que Ele te ama. Isto dá a coragem para segui-Lo: "E ele levantou-se e seguiu-o."

Papa Francisco, Homilia de 21 de setembro 2013

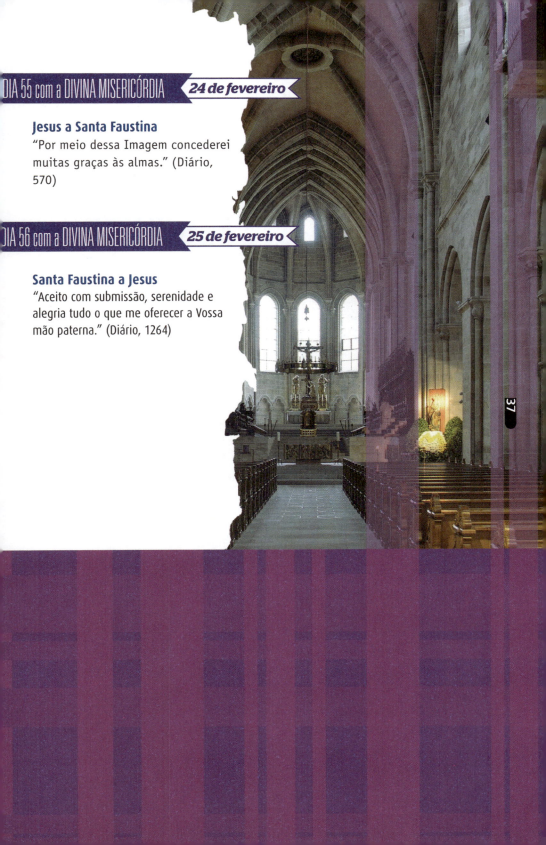

DIA 55 com a DIVINA MISERICÓRDIA — 24 de fevereiro

Jesus a Santa Faustina
"Por meio dessa Imagem concederei muitas graças às almas." (Diário, 570)

DIA 56 com a DIVINA MISERICÓRDIA — 25 de fevereiro

Santa Faustina a Jesus
"Aceito com submissão, serenidade e alegria tudo o que me oferecer a Vossa mão paterna." (Diário, 1264)

DIA 57 com a DIVINA MISERICÓRDIA — 26 de fevereiro

Reflexão de Santa Faustina
"Sentia-me totalmente só e sem ninguém; pedi a Jesus que ficasse comigo."
(Diário, 1199)

Deus ouve e responde à oração sincera

DIA 58 com a DIVINA MISERICÓRDIA — 27 de fevereiro

Jesus a Santa Faustina
"De todas as Minhas Chagas, como de torrentes, flui a misericórdia para as almas." (Diário, 1190)

Santo Agostinho e a Misericórdia
"Tua misericórdia fiel pairava de longe sobre mim."
(Confissões III, 3, 5).

DIA 59 com a DIVINA MISERICÓRDIA — 28 de fevereiro

Jesus a Santa Faustina
"A Chaga do meu Coração é uma fonte de insondável misericórdia. Dessa fonte jorram grandes graças para as almas." (Diário, 1190)

PRÓXIMOS PASSOS
O que você precisa fazer hoje para seguir em frente? Como Deus tem trabalhado em sua vida a partir das situações difíceis?

3 março

Uma pergunta por mês para vermos o quanto Deus faz novas todas as coisas em nossas vidas ao longo dos anos

QUAIS MELHORIAS NA VIDA ESPIRITUAL VOCÊ PRETENDE ALCANÇAR NO MÊS DE MARÇO?

Ano de 20....

Ano de 20....

Ano de 20....

Ano de 20....

DIA 60 com a DIVINA MISERICÓRDIA — 1º de março

Reflexão de Santa Faustina
"O mundo ainda ignora tudo que Jesus sofreu." (Diário, 1054)

Catecismo da Igreja Católica

A cruz na qual Jesus, inocente, foi cruelmente executado é o lugar do mais extremo rebaixamento e abandono. Cristo, o nosso Redentor, escolheu a cruz para carregar a culpa do mundo e suportar o sofrimento do mundo. Assim, pelo Seu perfeito amor, Ele reconduziu o mundo à casa de Deus. (613-617, 622-623)

Ore com Santa Faustina
"Jesus, não me deixes sozinha no sofrimento." (Diário, 1489)

DIA 61 com a DIVINA MISERICÓRDIA — 2 de março

Jesus a Santa Faustina
"Ainda que o pecador seja o mais endurecido, se recitar este Terço uma só vez, alcançará a graça da Minha infinita misericórdia." (Diário, 687)

COMO REZAR O TERÇO DA DIVINA MISERICÓRDIA

O Terço da divina Misericórdia é recitado utilizando as contas do Rosário tradicional, com suas cinco dezenas.

1. Faça o Sinal da Cruz

Em nome do Pai, do Filho e do Espírito Santo. Amém.

2. Reze o Pai-nosso

Pai nosso, que estais nos céus, santificado seja o vosso nome, venha a nós o vosso reino, seja feita a vossa vontade, assim na terra como no céu; o pão nosso de cada dia nos dai hoje, perdoai-nos as nossas ofensas, assim com nós perdoamos a quem nos tem ofendido, e não nos deixeis cair em tentação, mas livrai-nos do mal. Amém.

3. Reze a Ave-Maria

Ave, Maria, cheia de graça, o Senhor é convosco, bendita sois vós entre as mulheres, e bendito é o fruto do vosso ventre, Jesus. Santa Maria, mãe de Deus, rogai por nós pecadores, agora e na hora de nossa morte. Amém.

4. Reze o Credo

Creio em Deus Pai todo-poderoso, criador do céu e da terra, e em Jesus Cristo, seu único Filho, Nosso Senhor, que foi concebido pelo poder do Espírito Santo, nasceu da Virgem Maria, padeceu sob Pôncio Pilatos, foi crucificado, morto e sepultado, desceu à mansão dos mortos, ressuscitou ao terceiro dia, subiu aos céus, está sentado à direita de Deus Pai todo-poderoso, donde há de vir a julgar os vivos e os mortos. Creio no Espírito Santo, na Santa Igreja Católica, na comunhão dos santos, na remissão dos pecados, na ressurreição da carne, na vida eterna. Amém.

5. Reze o "Eterno Pai..."

Nas contas do Pai-nosso:

Eterno Pai, eu Vos ofereço o Corpo e o Sangue, a Alma e a Divindade de Vosso diletíssimo Filho, Nosso Senhor Jesus Cristo, em expiação dos nossos pecados e do mundo inteiro.

6. Reze o "Pela Sua dolorosa Paixão..."

Nas contas das Ave-Marias:

Pela Sua dolorosa Paixão, tende misericórdia de nós e do mundo inteiro.

7. Conclua com o "Deus Santo..." (repita três vezes)

Deus santo, Deus forte, Deus imortal, tende piedade de nós e do mundo inteiro.

7 passos do **TERÇO**

DIA 62 com a DIVINA MISERICÓRDIA — 3 de março

Jesus a Santa Faustina

"Que nada te assuste ou perturbe, conserva uma profunda paz, tudo está nas Minhas mãos (...)." (Diário, 219)

Pela Misericórdia, tome de volta a sua vida...

NO SALMO 56, 8, DAVI FALA SOBRE DEUS:

"Contaste os passos da minha caminhada errante, minhas lágrimas recolhes no teu odre; acaso não estão escritas no teu livro?" Assim, tomemos conhecimento do quão importante são nossas lágrimas para Deus. Estendamos o coração e reconheçamos nossas emoções, trabalhando através do conforto que se encontra nas Escrituras para...

A separação de membros da família:

ÀQUELE QUE TEM O PODER DE REALIZAR, POR SUA FORÇA AGINDO EM NÓS, INFINITAMENTE MAIS QUE TUDO QUE POSSAMOS PEDIR OU PENSAR. (EFÉSIOS 3, 20)

DIA 63 com a DIVINA MISERICÓRDIA — *4 de março*

Jesus a Santa Faustina

"Lembrai-Vos da Minha Paixão e, se não credes nas Minhas palavras, crede ao menos nas minhas chagas." (Diário, 379)

Pela Misericórdia, tome de volta a sua vida...

Estendamos o coração e reconheçamos nossas emoções, trabalhando através do conforto que se encontra nas seguintes Escrituras para...

A perda do trabalho, da casa e outros bens:

PORTANTO, NÃO VIVAIS PREOCUPADOS, DIZENDO: "QUE VAMOS COMER? QUE VAMOS BEBER? COMO NOS VAMOS VESTIR?" OS PAGÃOS É QUE VIVEM PROCURANDO TODAS ESSAS COISAS. VOSSO PAI QUE ESTÁ NOS CÉUS SABE QUE PRECISAIS DE TUDO ISSO. BUSCAI EM PRIMEIRO LUGAR O REINO DE DEUS E A SUA JUSTIÇA, E TODAS ESSAS COISAS VOS SERÃO DADAS POR ACRÉSCIMO. PORTANTO, NÃO VOS PREOCUPEIS COM O DIA DE AMANHÃ, POIS O DIA DE AMANHÃ TERÁ SUA PRÓPRIA PREOCUPAÇÃO! A CADA DIA BASTA O SEU MAL." (MATEUS 6, 31-34)

Jesus, eu *confio* em Vós!

DIA 64 com a DIVINA MISERICÓRDIA — *5 de março*

Reflexão de Santa Faustina

"Nos momentos difíceis, recorrer às Chagas de Jesus e nelas buscar consolo, alívio, luz e força." (Diário, 226)

ORAÇÃO NO SOFRIMENTO

Pai das Misericórdias, eu te agradeço pelas lutas e dificuldades que tenho enfrentado em minha vida. Creio que estas circunstâncias estão em teu controle e, através delas, serei conformado à imagem de teu Filho amado, Jesus.

DIA 65 com a DIVINA MISERICÓRDIA — *6 de março*

Reflexão de Santa Faustina

"Aos pés do Senhor buscarei luz, conforto e força." (Diário, 224)

"MISERICORDIANDO" COM O PAPA FRANCISCO

Cada doença pode encontrar na misericórdia de Deus um auxílio eficaz. Com efeito, a sua misericórdia não se detém à distância: quer vir ao encontro de todas as pobrezas e libertar de tantas formas de escravidão que afligem o nosso mundo. Quer alcançar as feridas de cada um, para medicá-las. Ser apóstolos de misericórdia significa tocar e acariciar as suas chagas, presentes hoje também no corpo e na alma de muitos dos seus irmãos e irmãs. Ao cuidar destas chagas, professamos Jesus, tornamo-Lo presente e vivo; permitimos a outros que palpem a sua misericórdia, e O reconheçam "Senhor e Deus" (cf. João 20, 28)...

Jubileu da Divina Misericórdia, Homilia de 3 de abril de 2016

DIA 66 com a DIVINA MISERICÓRDIA — *7 de março*

Reflexão de Santa Faustina
"Em meio às provações, procurarei enxergar a amorosa Mão de Deus." (Diário, 227)

DIA 67 com a DIVINA MISERICÓRDIA — *8 de março*

Reflexão de Santa Faustina
"Jesus ama as almas ocultas.
A flor escondida é sempre a mais perfumada."
(Diário, 275)

SALMO DE MISERICÓRDIA
SALMO 42, 2-5

Como a corça deseja as águas correntes, assim a minha alma anseia por ti, ó Deus. A minha alma tem sede de Deus, do Deus vivo: quando hei de ir ver a face de Deus? As lágrimas são meu pão dia e noite, enquanto me repetem o dia inteiro: "Onde está teu Deus?" Disto me lembro e meu coração se aflige: quando eu passava junto à tenda admirável, rumo à casa de Deus, entre cantos de alegria e de louvor de uma multidão em festa.

Dica de fé

Renovar o gosto e ser frequente na casa do Senhor, a casa da Misericórdia

DIA 68 com a DIVINA MISERICÓRDIA — 9 de março

Santa Faustina a Jesus

"Ó meu dulcíssimo mestre, bom Jesus, Entrego-vos o meu coração; trabalhai-o, formai-o de acordo com a Vossa vontade." (Diário, 1064)

SALMO DE MISERICÓRDIA
SALMO 42,6-11

Por que estás triste, minh'alma? Por que gemes dentro de mim? Espera em Deus, ainda poderei louvá-lo, a ele, que é a salvação do meu rosto e meu Deus. Em mim se abate a minha alma; por isso de ti me recordo na terra do Jordão e do Hermon, no monte Misar. Um abismo chama outro abismo, ao fragor das tuas cascatas; as tuas vagas e ondas todas passaram sobre mim. De dia o Senhor me dá sua graça, de noite elevo a ele meu canto, minha prece ao Deus da minha vida. Digo a Deus, minha defesa: "Por que me esqueceste? Por que ando triste, oprimido pelo inimigo?" Pelo insulto dos meus adversários estão quebrados meus ossos; enquanto me repetem o dia inteiro: "Onde está teu Deus?" Por que estás triste, minha alma? Por que gemes dentro de mim? Espera em Deus, ainda poderei louvá-lo, a Ele, que é a salvação do meu rosto, o meu Deus.

DIA 69 com a DIVINA MISERICÓRDIA — 10 de março

Reflexão de Santa Faustina
"Como é bom viver sob a obediência, viver com a consciência de que tudo o que faço é agradável a Deus." (Diário, 894)

#ObrasdeMisericórdiaEspirituais

As obras de misericórdia são ações de caridade pelas quais socorremos o nosso próximo em suas necessidades espirituais e corporais.

CORRIGIR O QUE ERRA

Não julgar, mas ser solidário ajudando os outros a encontrarem o seu caminho e a corrigirem seus erros. Juntos, podemos aprender a andar mais perto de Jesus. "Hipócrita! Tira primeiro a trave do teu próprio olho, e então enxergarás bem para tirar o cisco do olho do teu irmão." (Mt 7, 5)

DIA 70 com a DIVINA MISERICÓRDIA — 11 de março

Reflexão de Santa Faustina
"Nada pode ser comparado com um ato de puro amor a Deus. Oh! Que inconcebíveis favores Deus concede à alma que O ama sinceramente." (Diário, 778)

VAMOS "MISERICORDIAR"?

Vida misericordiosa
1. Não julgar, mas guiar os outros para o caminho da salvação (ver Mateus 7, 1-2).
2. Ao corrigir alguém, não ser arrogante. Temos todos a necessidade da correção amorosa de Deus.
3. Devemos caminhar juntos para uma compreensão mais profunda de nossa fé comunitária.

DIA 71 com a DIVINA MISERICÓRDIA — 12 de março

MINUTO DE MISERICÓRDIA

Jesus a Santa Faustina
"Recita, sem cessar, este Terço* que te ensinei. Todo aquele que o recitar alcançará grande misericórdia na hora de sua morte." (Diário, 687)

*Como rezar o Terço da Divina Misericórdia: ver 2 de março

Jesus, eu confio em Vós!

DIA 72 com a DIVINA MISERICÓRDIA — 13 de março

Jesus a Santa Faustina
"Quando Eu agonizava na Cruz, não pensava em Mim mesmo, mas nos pobres pecadores, e rezava ao Pai por eles." (Diário, 324)

Catecismo da Igreja

Os cristãos não devem procurar o sofrimento. Se, porém, são confrontados com um sofrimento inevitável, ele pode ganhar um sentido para eles, caso unam o seu sofrimento ao de Cristo. "Cristo sofreu também por vós, deixando-vos o exemplo, para que sigais os Seus passos" (1Pd 2, 21). [618]

Ore com Santa Faustina

"Acima de tudo confio em Vós, Jesus, porque sois imutável. A minha maneira de ser é mutável, mas Vós sois sempre o mesmo, cheio de misericórdia." (Diário, 1489)

DIA 73 com a DIVINA MISERICÓRDIA — *14 de março*

Santa Faustina a Jesus
"Ó meu Jesus, a minha alma anseia pelos dias das provações, mas não me deixeis sozinha nesta escuridão interior. Segurai-me firmemente bem junto de Vós." (Diário, 831)

3 Palavras de misericórdia para enfrentar uma doença grave:

1 SALMO 103, 3: É ELE QUEM PERDOA TODAS AS TUAS CULPAS, QUE CURA TODAS AS TUAS DOENÇAS.

2 ISAÍAS 53, 5: MAS ESTAVA SENDO TRASPASSADO POR CAUSA DE NOSSAS REBELDIAS, ESTAVA SENDO ESMAGADO POR NOSSOS PECADOS. O CASTIGO QUE TERÍAMOS DE PAGAR CAIU SOBRE ELE, COM OS SEUS FERIMENTOS VEIO A CURA PARA NÓS.

3 MATEUS 26, 39: ELE FOI UM POUCO MAIS ADIANTE, CAIU COM O ROSTO POR TERRA E OROU: "MEU PAI, SE POSSÍVEL, QUE ESTE CÁLICE PASSE DE MIM. CONTUDO, NÃO SEJA FEITO COMO EU QUERO, MAS COMO TU QUERES."

DIA 74 com a DIVINA MISERICÓRDIA | **15 de março**

Jesus, eu confio em Vós!

A vida é cheia de sofrimentos que testam a nossa fé – de doenças e crises financeiras a relacionamentos despedaçados e perda de sonhos. Mas podemos sair dessas dificuldades com a fé fortalecida.

Confie em Deus Deus tem bons propósitos para o sofrimento

O Senhor transforma os sofrimentos em bons propósitos. Peça a Deus para mostrar-lhe os bons propósitos por trás dos seus sofrimentos. Pergunte quais lições Ele quer que você aprenda através de seu sofrimento, para que possa sair dele com a fé revigorada, como uma pessoa melhorada. Deus muitas vezes usa os seus sofrimentos para cumprir bons propósitos também nas vidas de outras pessoas.

Reflexão de Santa Faustina

"Jesus deu-me a conhecer quanto sofreu nesse cortejo triunfal. O 'Hosana' ressoava no Coração de Jesus como um eco de 'Crucifica-O!'" (Diário, 1028)

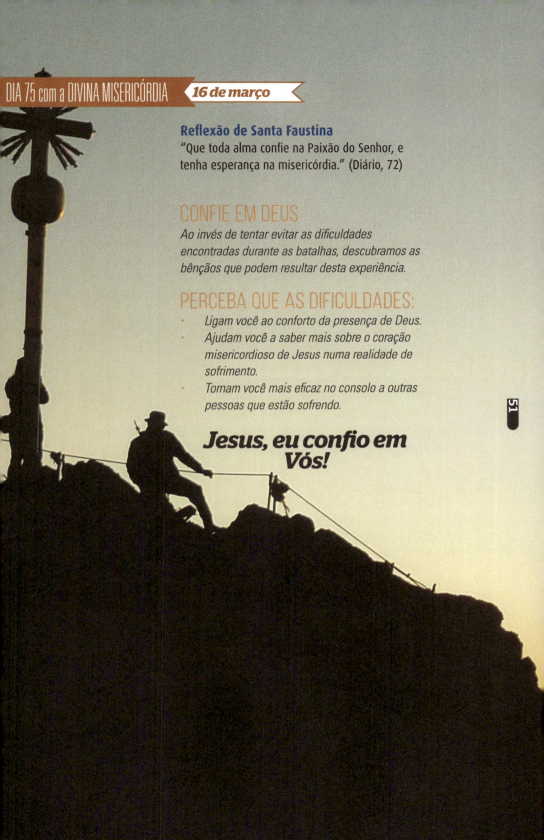

DIA 75 com a DIVINA MISERICÓRDIA — **16 de março**

Reflexão de Santa Faustina
"Que toda alma confie na Paixão do Senhor, e tenha esperança na misericórdia." (Diário, 72)

CONFIE EM DEUS
Ao invés de tentar evitar as dificuldades encontradas durante as batalhas, descubramos as bênçãos que podem resultar desta experiência.

PERCEBA QUE AS DIFICULDADES:
- Ligam você ao conforto da presença de Deus.
- Ajudam você a saber mais sobre o coração misericordioso de Jesus numa realidade de sofrimento.
- Tornam você mais eficaz no consolo a outras pessoas que estão sofrendo.

Jesus, eu confio em Vós!

DIA 76 com a DIVINA MISERICÓRDIA — 17 de março

Jesus a Santa Faustina

"Na minha Paixão deves buscar forças e luzes." (Diário, 654)

CONFIE EM DEUS

Confiar em Deus nas suas lutas o ajuda a aprender realmente o quão forte é o Senhor. Se você nunca se deparar com as batalhas que vão além de sua própria capacidade de lutar, nunca experimentará o poder de Deus agindo e o fazendo crescer na fé. Espere: Deus o capacita para enfrentar qualquer batalha, porque Ele é mais forte do que qualquer desafio que você vai enfrentar.

Jesus, eu confio em Vós!

DIA 77 com a DIVINA MISERICÓRDIA — 18 de março

Jesus a Santa Faustina

"Todas as vezes que ouvirdes o bater do relógio, às três horas da tarde, deves mergulhar toda na Minha misericórdia, adorando-A e glorificando-A." (Diário, 1572)

A MISERICÓRDIA, POR PAPA FRANCISCO

O Salmo Responsorial de hoje convida-nos repetidamente a "estar alegres e cantar com alegria". Ninguém que esteja a dormir pode cantar, dançar, alegrar-se. "O Senhor nosso Deus nos abençoou" (Sal 67, 8); Dele, "alcançamos misericórdia" (cf. Rom 11, 30). Com a certeza do amor de Deus, ide pelo mundo, fazendo com que, "em consequência da misericórdia usada convosco" (Rom 11, 31), os vossos amigos, os colegas de trabalho, os concidadãos e todas as pessoas deste grande Continente "alcancem finalmente misericórdia" (cf. Rom 11, 31).
É justamente por esta misericórdia que somos salvos.

Conclusão da VI Jornada da Juventude Asiática. Castello de Haemi.
17 de agosto de 2014

Jesus, eu confio em Vós!

DIA 78 com a DIVINA MISERICÓRDIA — **19 de março**

Reflexão de Santa Faustina
"São José pediu que eu tivesse incessante devoção a ele." (Diário, 1203)

REZANDO COM PAPA FRANCISCO

Oração à Sagrada Família

*Jesus, Maria e José,
em Vós contemplamos
o esplendor do verdadeiro amor,
confiantes, a Vós nos consagramos.
Sagrada Família de Nazaré,
tornai também as nossas famílias
lugares de comunhão e cenáculos de oração,
autênticas escolas do Evangelho
e pequenas igrejas domésticas.
Sagrada Família de Nazaré,
que nunca mais haja nas famílias
episódios de violência, de fechamento e divisão;
e quem tiver sido ferido ou escandalizado
seja rapidamente consolado e curado.
Sagrada Família de Nazaré,
fazei que todos nos tornemos conscientes
do caráter sagrado e inviolável da família,
da sua beleza no projeto de Deus.
Jesus, Maria e José, ouvi-nos
e acolhei a nossa súplica.
Amém.*
Exortação Apostólica Pós-Sinodal Amoris Lætitia

rogai por nós

DIA 79 com a DIVINA MISERICÓRDIA — 20 de março

Jesus a Santa Faustina
"Estou sedento pela salvação das almas. Ajuda-me, Minha filha, a salvar as almas. Une teus sofrimentos à Minha Paixão e oferece-os ao Pai Celestial pelos pecadores." (Diário, 1032)

3 PASSOS PARA CORRIGIR O QUE ERRA*
(DE PAPA FRANCISCO)

1º passo "Não se pode corrigir uma pessoa sem amor e sem caridade. Da mesma forma, não se pode fazer uma intervenção cirúrgica sem anestesia: não se pode, porque o doente irá morrer de dor. E a caridade é como uma anestesia que ajuda a receber a cura e a aceitar a correção."*

2º passo Em segundo lugar, é preciso falar a verdade, banir as fofocas, porque estas causam feridas. O Santo Padre reconheceu que não é bom ouvir a verdade, mas afirmou que, quando esta é dita com caridade e com amor, é mais fácil de aceitá-la.

3º passo O terceiro aspecto indicado pelo Papa, para que se faça uma verdadeira correção fraterna, é a humildade. Ele disse que, para corrigir um pequeno defeito do outro, a pessoa precisa pensar que ela mesma tem defeitos muito maiores.

*Homilia de 12 de setembro de 2014

#OBRASDEMISERICÓRDIAESPIRITUAIS*
As obras de misericórdia são ações de caridade pelas quais socorremos o nosso próximo em suas necessidades espirituais e corporais.

DIA 80 com a DIVINA MISERICÓRDIA — 21 de março

Jesus a Santa Faustina
"Pela fidelidade com a qual Me acompanhaste na Paixão e na Morte – a tua morte será solene e Eu estarei contigo nessa última hora." (Diário, 1061)

DIA 81 com a DIVINA MISERICÓRDIA — 22 de março

Santa Faustina a Jesus
"Jesus, não me deixeis sozinha no sofrimento." (Diário, 1489)

ORAÇÃO DO DIA
Senhor, sabemos que Tu és o nosso conforto. Sabemos que estás sempre pronto para nos abraçar e nos cercar com Teu amor. Já andaste onde nós caminhamos, já te entristeceste como nós. Mantém-nos conscientes de tua presença na escuridão de nossas almas. Restaura a tua luz para o nosso espírito e a tua paz aos nossos corações. Amém. Jesus, eu confio em Vós!

DIA 82 com a DIVINA MISERICÓRDIA — 23 de março

Reflexão de Santa Faustina
"A minha felicidade é o cumprimento da Sua vontade (...)." (Diário, 775)

DIA 83 com a DIVINA MISERICÓRDIA — 24 de março

Jesus a Santa Faustina
"Sei que é um grande sofrimento ser incompreendida, e mais ainda por aqueles que amamos (...).
Eu te compreendo em todas as tuas penas e misérias." (Diário, 1487)

SÃO JOÃO PAULO II, O PAPA DA MISERICÓRDIA

Jesus, confio em Vós! Repitamo-lo neste momento complexo e difícil, conscientes de que temos necessidade desta Misericórdia divina que, há mais de meio século, o Senhor manifestou com tanto amor a Santa Faustina Kowalska. Quando as provações e as dificuldades são mais ásperas, torne-se mais insistente a invocação do Senhor ressuscitado, mais premente a imploração do dom do seu Espírito Santo, manancial de amor e de paz.

Regina Caeli, Domingo da Divina Misericórdia, 7 de abril de 2002

DIA 84 com a DIVINA MISERICÓRDIA — 25 de março

Jesus a Santa Faustina
"Não existe outro caminho para o Céu além do caminho da cruz. (...) Deves saber que é o caminho mais curto e o mais seguro." (Diário, 1487)

Santo Agostinho e a Misericórdia

"Enquanto tua mão suave e misericordiosa plasmava e formava pouco a pouco o meu coração, eu refletia na infinidade de fatos em que acreditava, sem tê-los visto ou deles ter sido testemunha." (Confissões VI, 5, 7)

DIA 85 com a DIVINA MISERICÓRDIA — *26 de março*

Jesus a Santa Faustina
"Fala Comigo com simplicidade, como entre amigos. Então, diz-Me, Minha filha, o que te detém no caminho da santidade?" (Diário, 1487)

A ORAÇÃO DE LOUVOR DE ANA
(1 SAMUEL 2, 1-10)

Meu coração exulta no Senhor, graças ao Senhor se levanta minha força. Minha boca desafia meus adversários, porque me alegro em tua salvação. Ninguém é santo como o Senhor, outro além de ti não há, não há rocha firme como nosso Deus. Não multipliqueis palavras orgulhosas, nem saia insolência de vossas bocas! Pois o Senhor é um Deus que sabe, é Ele quem pesa as nossas ações. O arco dos valentes é quebrado, mas os fracos se armam com vigor. Os saturados se empregam para ter pão, mas os famintos param de sofrer. A mulher estéril sete vezes dá à luz, mas fenece a mãe de muitos filhos. O Senhor é quem dá a morte e a vida, faz descer à morada dos mortos e de lá voltar. O Senhor é quem torna pobre ou rico, é Ele quem humilha e exalta. Levanta do pó o necessitado e do monturo ergue o indigente: dá-lhe assento entre os príncipes, destina-lhe um trono de glória. Pois do Senhor são as colunas da terra, e sobre elas apoiou o mundo. Ele vela sobre os passos dos seus santos, mas os ímpios perecem nas trevas, pois ninguém triunfa pela própria força. O Senhor faz tremer seus inimigos, troveja sobre eles desde os céus. O Senhor julga até os confins da terra. Ele dá fortaleza a seu rei, eleva a força do seu ungido.

DIA 86 com a DIVINA MISERICÓRDIA — **27 de março**

Jesus a Santa Faustina
"Os maiores obstáculos à santidade são o desânimo
e a inquietação infundada." (Diário, 1488)

DEUS NUNCA SE CANSA DE
PERDOAR, SOMOS NÓS QUE NOS
CANSAMOS DE PEDIR A SUA
MISERICÓRDIA. (*Evangelii Gaudium*, 4)

DIA 87 com a DIVINA MISERICÓRDIA — **28 de março**

Jesus a Santa Faustina
"Eu estou sempre pronto a te perdoar." (Diário, 1488)

COMO SABEMOS QUE DEUS É MISERICORDIOSO?
#YOUCAT 314

Em muitas passagens da Sagrada Escritura, Deus
mostra-se misericordioso, especialmente na
parábola do Pai misericordioso (Lucas 15, 11-32),
que vai ao encontro do filho perdido e o acolhe
incondicionalmente, para celebrar com ele a alegre
festa do reencontro e da reconciliação. [1846, 1870]

Já no Antigo Testamento, Deus fala pelo profeta
Ezequiel: "Não tenho prazer na morte do culpado,
mas em que ele se converta do seu caminho e viva."
(Ezequiel 33, 11) Jesus é enviado às "ovelhas perdidas
da Casa de Israel" (Mateus 15, 24) e Ele sabe que "não
são os que têm saúde que precisam de médico, mas os
que estão doentes" (Mateus 9, 12). Por isso, Ele come
com os publicanos e os pecadores, antes de interpretar
a Sua morte, no fim da Sua vida terrena, como uma
iniciativa do amor misericordioso de Deus: "Este é o
Meu sangue, o sangue da aliança, derramado pela
multidão, para a remissão dos pecados." [227, 524]

DIA 88 com a DIVINA MISERICÓRDIA — **29 de março**

A ORAÇÃO É MEU ALÍVIO

Reflexão de Santa Faustina
"Nos sofrimentos, buscar alívio na oração." (Diário, 792)

Jesus, eu confio em Vós!

DIA 89 com a DIVINA MISERICÓRDIA — **30 de março**

Reflexão de Santa Faustina
"Uma tal submissão à vontade de Deus tem maior valor a seus olhos do que longos jejuns, mortificações e as mais severas penitências." (Diário, 724)

Jesus, eu confio em Vós!

DIA 90 com a DIVINA MISERICÓRDIA — **31 de março**

Santa Faustina a Jesus
"Meu Jesus, minha força e minha única esperança! Unicamente em Vós está toda a minha esperança. A minha confiança não será confundida." (Diário, 746)

Jesus, eu confio em Vós!

*A esperança é a expectativa confiante
de que algo melhor virá amanhã.
Como podemos dizer que nossa esperança
está em Jesus?*

4 abril

Uma pergunta por mês para vermos o quanto Deus fa[z] novas todas as coisas em nossas vidas ao longo dos an[os]

DESCREVA O MÊS DE ABRIL EM 3 PALAVRAS DE FÉ

Ano de 20....

Ano de 20....

Ano de 20....

Ano de 20....

DIA 91 com a DIVINA MISERICÓRDIA — 1º de abril

Jesus a Santa Faustina
"Desejo que, durante estes nove dias, conduzas as almas à fonte da Minha Misericórdia. Eu conduzirei todas essas almas à Casa de Meu Pai." (Diário, 1209)

DIA 92 com a DIVINA MISERICÓRDIA — 2 de abril

Novena da Misericórdia 1º Dia

Jesus a Santa Faustina
"Hoje, traze-Me a Humanidade inteira, especialmente todos os pecadores, e mergulha-os no oceano da Minha misericórdia. Com isso Me consolarás na amarga tristeza em que a perda das almas Me afunda." (Diário, 1210)

Jesus, eu confio em Vós!

DIA 93 com a DIVINA MISERICÓRDIA — 3 de abril

Novena da Misericórdia 2º Dia

Jesus a Santa Faustina
"Hoje, traze-Me as almas dos sacerdotes e religiosos e mergulha-as na Minha insondável misericórdia. Eles Me deram força para suportar a amarga Paixão. Por elas, como por canais, corre sobre a Humanidade a Minha misericórdia." (Diário, 1212)

Jesus, eu confio em Vós!

DIA 94 com a DIVINA MISERICÓRDIA — 4 de abril

Novena da Misericórdia 3° Dia

Jesus a Santa Faustina
"Hoje, traze-Me todas as almas devotas e fiéis e mergulha-as no oceano da Minha misericórdia. Essas almas consolaram-me na Via-sacra; foram aquela gota de consolações em meio ao mar de amarguras." (Diário, 1214)

Jesus, eu confio em Vós!

DIA 95 com a DIVINA MISERICÓRDIA — 5 de abril

Novena da Misericórdia 4° Dia

Jesus a Santa Faustina
"Hoje, traze-Me os pagãos e aqueles que ainda não Me conhecem e nos quais pensei na Minha amarga Paixão. O seu futuro zelo consolou o Meu Coração. Mergulha-os no mar da Minha misericórdia." (Diário, 1216)

Jesus, eu confio em Vós!

DIA 96 com a DIVINA MISERICÓRDIA — 6 de abril

Novena da Misericórdia 5º Dia

Jesus a Santa Faustina

"Hoje, traze-Me as almas dos cristãos separadas da unidade da Igreja e mergulha-as no mar da Minha misericórdia. Na Minha amarga Paixão dilaceravam o Meu Corpo e o Meu Coração, isto é, a Minha Igreja. Quando voltam à unidade da Igreja, cicatrizam-se as Minhas Chagas e dessa maneira eles aliviam a Minha Paixão." (Diário, 1218)

Jesus, eu confio em Vós!

DIA 97 com a DIVINA MISERICÓRDIA — 7 de abril

Novena da Misericórdia 6º Dia

Jesus a Santa Faustina

"Hoje, traze-Me as almas mansas e humildes, assim como as almas das criancinhas, e mergulha-as na Minha misericórdia. Essas almas são as mais semelhantes ao Meu Coração. Elas Me confortaram na amarga Paixão da Minha agonia. Eu as vi quais anjos terrestres que futuramente iriam velar junto aos meus altares. Sobre elas derramo torrentes de graças. Só a alma humilde é capaz de aceitar a Minha graça. As almas humildes favoreço com a Minha confiança." (Diário, 1220)

Jesus, eu confio em Vós!

DIA 98 com a DIVINA MISERICÓRDIA — 8 de abril

Novena da Misericórdia 7º Dia

Jesus a Santa Faustina

"Hoje, traze-Me as almas que veneram e glorificam de maneira especial a Minha misericórdia e mergulha-as na Minha misericórdia. Estas almas foram as que mais sofreram por causa da Minha Paixão e penetraram mais profundamente no Meu espírito. Elas são a imagem viva do Meu Coração compassivo. Estas almas brilharão com um especial fulgor na vida futura. Nenhuma delas irá ao fogo do Inferno. Defenderei cada uma delas de maneira especial na hora da morte." (Diário, 1224)

Jesus, eu confio em Vós!

DIA 99 com a DIVINA MISERICÓRDIA — 9 de abril

Novena da Misericórdia 8º Dia

Jesus a Santa Faustina

"Hoje, traze-Me as almas que se encontram na prisão do Purgatório e mergulha-as no abismo de Minha misericórdia. Que as torrentes do Meu Sangue refresquem o seu ardor. Todas estas almas são muito amadas por Mim. Elas pagam as dívidas à Minha justiça. Está em teu alcance trazer-lhes alívio. Tira do tesouro da Minha Igreja todas as indulgências e oferece-as por elas. Oh! se conhecesses o seu tormento, incessantemente oferecias por elas a esmola do espírito e pagarias as suas dívidas à Minha justiça." (Diário, 1226)

Jesus, eu confio em Vós!

DIA 100 com a DIVINA MISERICÓRDIA — **10 de abril**

Novena da Misericórdia *9º Dia*

Jesus a Santa Faustina

"Hoje, traze-me as almas tíbias e mergulha-as no abismo da Minha misericórdia. Estas almas ferem mais dolorosamente o Meu Coração. Foi da alma tíbia que a Minha alma sentiu repugnância no Jardim das Oliveiras. Elas levaram-Me a dizer: Pai, afasta de Mim este cálice, se assim for a Vossa vontade. Para elas, a última tábua de salvação é recorrer à Minha misericórdia." (Diário, 1228)

Jesus, eu confio em Vós!

DIA 101 com a DIVINA MISERICÓRDIA — **11 de abril**

Jesus a Santa Faustina

"Desejo conceder indulgência plenária às almas que se confessarem e receberem a Santa Comunhão na Festa da Minha misericórdia." (Diário, 1109)

SALMO DE MISERICÓRDIA
SALMO 43

Faze-me justiça, ó Deus, defende minha causa contra gente infiel; livra-me de quem é mentiroso e enganador. Pois tu és, ó Deus, a minha fortaleza; por que me rejeitas? Por que ando triste, oprimido pelo inimigo? Envia tua luz e tua fidelidade: que elas me guiem, me conduzam ao teu monte santo, à tua morada. Irei ao altar de Deus, ao Deus que é minha alegria e meu júbilo, e te darei graças na cítara, Deus, meu Deus. Por que estás triste, minha alma? Por que gemes dentro de mim? Espera em Deus, ainda poderei louvá-lo, a ele, que é a salvação do meu rosto e meu Deus.

DIA 102 com a DIVINA MISERICÓRDIA — 12 de abril

Jesus a Santa Faustina
"Na festa da Minha Misericórdia, faça um sermão sobre esta minha insondável Misericórdia." (Diário, 1072)

SALMO DE MISERICÓRDIA
SALMO 43,3
Envia tua luz e tua fidelidade: que elas me guiem, me conduzam ao teu monte santo, à tua morada.

Meu futuro iluminado

ORE

Envia a tua luz e a tua verdade. Deixa manifestar a mim a alegria da tua presença e da fidelidade do teu coração. Revela o meu verdadeiro caráter por tua luz, e me recompensa segundo a tua promessa verdadeira. Assim como o sol lança adiante seus feixes, deste modo o Senhor enviará o seu favor e a sua fidelidade para todo o seu povo; e, como toda a natureza se regozija com a luz do sol, assim os santos triunfam na manifestação do amor e da fidelidade do seu Deus, que, como o esplendor do raio de sol dourado, acende até mesmo os ambientes mais escuros.

DIA 103 com a DIVINA MISERICÓRDIA — 13 de abril

Jesus a Santa Faustina

"Por isso tomo-te em Meus ombros e levo-te para a casa de Meu Pai."
(Diário, 1486)

DEUS QUER QUE SEJAMOS TESTEMUNHAS COM NOSSO SEMBLANTE

A coisa mais fácil de se perder é a sua alegria. Você pode perdê-la com um telefonema ou e-mail, uma carta ou conversa. Você pode assistir a um comercial na TV e perder a sua alegria. É a coisa mais fácil de se perder. Um monte de gente e um monte de circunstâncias conspiram para roubá-la de você. Quando os filhos de Deus não são preenchidos de alegria, tornam-se cristãos inquietos e deixam de agir como verdadeiras testemunhas de Cristo. Eles parecem mergulhados no vinagre.

ORE COMO O REI DAVI OROU O SALMO 51, 14:

DEVOLVE-ME A ALEGRIA DE SER SALVO, RESTITUI-ME A ALEGRIA DA TUA SALVAÇÃO

DIA 104 com a DIVINA MISERICÓRDIA — 14 de abril

Jesus a Santa Faustina

"Desejo que a Festa da Misericórdia seja refúgio e abrigo para todas as almas, especialmente para os pecadores." (Diário, 699)

3 palavras que resumem a vida cristã:

bondade

paz

alegria

DIA 105 com a DIVINA MISERICÓRDIA — 15 de abril

Reflexão de Santa Faustina
"Amai a Deus, porque é bom e de grande Misericórdia!" (Diário, 1372)

"MISERICORDIANDO" COM O PAPA FRANCISCO

E o mesmo aconteceu a Paulo, embora de maneira diferente. Quando jovem, Paulo era inimigo dos cristãos, mas quando Cristo Ressuscitado o chamou no caminho de Damasco, a sua vida foi transformada: compreendeu que Jesus não tinha morrido, mas estava vivo, e também o amava, a ele que era seu inimigo! Eis a experiência da misericórdia, do perdão de Deus em Jesus Cristo: esta é a Boa-nova, o Evangelho que Pedro e Paulo experimentaram em si mesmos e pelo qual deram a vida. Misericórdia, perdão! O Senhor perdoa-nos sempre, tem misericórdia, é misericordioso, tem um coração misericordioso e espera-nos sempre.
Ângelus, 29 de junho de 2013

DIA 106 com a DIVINA MISERICÓRDIA — 16 de abril

Jesus a Santa Faustina
"Vinde a Mim todos." (Diário, 1485)

A vida não foi destinada por Deus a ser uma provação sem alegria. O desejo de Deus para nós é que experimentemos a alegria. A alegria é o ato de se relacionar em gratidão com Deus, tendo consciência das graças que Ele concede. A alegria vem quando nós experimentamos e reconhecemos o amor e cuidado de Deus por nós, quando expressamos nossa gratidão por Seu amor.

DIA 107 com a DIVINA MISERICÓRDIA — 17 de abril

Santa Faustina a Jesus
"Jesus, eu confio em vós! Jesus, amo-Vos de todo o meu coração!" (Diário, 239)

DIA 108 com a DIVINA MISERICÓRDIA — 18 de abril

Jesus a Santa Faustina
"Tua volta enche Meu coração de alegria." (Diário, 1486)

Santo Agostinho e a Misericórdia

"Sei que pela tua graça e misericórdia meus pecados se desfizeram como gelo ao sol; devo à tua graça também todo o mal que não pratiquei." (Confissões, II, 7,15)

DIA 109 com a DIVINA MISERICÓRDIA — 19 de abril

Jesus a Santa Faustina
"Desejo que o primeiro domingo depois da Páscoa seja a Festa da Misericórdia. (...) Aquele que, nesse dia, se aproximar da Fonte da Vida, alcançará perdão total das culpas e penas." (Diário, 299)

PARA REFLETIR HOJE

A alegria é a garantia constante de que Deus está no controle de todos os detalhes da minha vida; a tranquila confiança de que, em última análise, tudo vai ficar bem; e a escolha determinada de louvar a Deus em todas as situações.

DIA 110 com a DIVINA MISERICÓRDIA — 20 de abril

Jesus a Santa Faustina

"Deixa que os raios da Minha graça penetrem na tua alma, trazendo-te luz, calor e vida." (Diário, 1486)

Pergunte-se:

COMO OUTROS NOTAM A MINHA ALEGRIA?

ORAÇÃO DO DIA

Senhor, fortalece-me para que eu possa lutar com perseverança, e que não falte a alegria em minha vida. Ensina-me novamente a fazer tudo com alegria, porque sei que a alegria melhora a possibilidade de resistência! Obrigado pela palavra de Neemias: "A alegria do Senhor é a vossa força" (8, 10). Não posso suportar com minha força os desafios diários, mas na tua tudo suporto com alegria! Amém.

DIA 111 com a DIVINA MISERICÓRDIA — 21 de abril

Jesus a Santa Faustina

"Sê misericordiosa para com os outros, como Eu sou para contigo." (Diário, 1486)

#ObrasdeMisericórdiaEspirituais

As obras de misericórdia são ações de caridade pelas quais socorremos o nosso próximo em suas necessidades espirituais e corporais.

Consolar os tristes

Esteja aberto para ouvir e confortar aqueles que estão lidando com a dor. Mesmo se não temos certeza das palavras certas a dizer, nossa presença pode fazer uma grande diferença.

DIA 112 com a DIVINA MISERICÓRDIA — 22 de abril

Jesus a Santa Faustina
"Nunca rejeito um coração humilhado." (Diário, 1485)

#ObrasdeMisericórdiaEspirituais
As obras de misericórdia são ações de caridade pelas quais socorremos o nosso próximo em suas necessidades espirituais e corporais.

CONSOLAR OS TRISTES, POR PAPA FRANCISCO

Na prática, hoje há tanta necessidade de pessoas que sejam testemunhas da misericórdia e da ternura do Senhor, que chacoalha os acomodados, reanima os que não têm confiança, acende o fogo da esperança. Nosso testemunho e consolo podem ser importantes hoje em muitas situações, por exemplo, junto a quem está oprimido por sofrimentos, injustiças e abusos; com aqueles que são escravos do dinheiro, do poder, do sucesso, da mundanidade. Coitadinhos, vivem de falsas consolações! Todos somos chamados a consolar nossos irmãos, testemunhando que somente Deus pode eliminar as causas dos dramas existenciais e espirituais.
Ângelus, 7 de dezembro de 2014

> *A consolação não é uma intervenção anestésica. Trata-se de entrar, de certo modo, na situação do outro, ou melhor, de estar ao lado do outro.*

DIA 113 com a DIVINA MISERICÓRDIA — 23 de abril

Jesus a Santa Faustina
"As almas se perdem, apesar da minha amarga Paixão. Estou lhes dando a última tábua de salvação, isto é, a Festa da Minha misericórdia. Se não venerarem a Minha misericórdia, perecerão por toda a eternidade." (Diário, 965)

SÃO JOÃO PAULO II, O PAPA DA MISERICÓRDIA

É importante, então, que acolhamos inteiramente a mensagem que nos vem da palavra de Deus neste segundo Domingo de Páscoa, que de agora em diante na Igreja inteira tomará o nome de "Domingo da Divina Misericórdia". Nas diversas leituras, a liturgia parece traçar o caminho da misericórdia que, enquanto reconstrói a relação de cada um com Deus, suscita também entre os homens novas relações de solidariedade fraterna. Cristo ensinou-nos que "o homem não só recebe e experimenta a misericórdia de Deus, mas é também chamado a "ter misericórdia" para com os demais. "Bem-aventurados os misericordiosos, porque alcançarão misericórdia" (Mt 5, 7)" (Dives in misericordia, 14). Depois, Ele indicou-nos as múltiplas vias da misericórdia, que não só perdoa os pecados, mas vai também ao encontro de todas as necessidades dos homens. Jesus inclinou-se sobre toda a miséria humana, material e espiritual. A sua mensagem de misericórdia continua a alcançar-nos através do gesto das suas mãos estendidas rumo ao homem que sofre. Foi assim que O viu e testemunhou aos homens de todos os continentes a Irmã Faustina que, escondida no convento de Lagiewniki em Cracóvia, fez da sua existência um cântico à misericórdia: Misericordias Domini in aeternum cantabo.

Rito de Canonização da Beata Maria Faustina Kowalska
Homilia, 30 de abril de 2000

DIA 114 com a DIVINA MISERICÓRDIA — 24 de abril

Minuto de Misericórdia

Jesus a Santa Faustina
"(...) que, nesse dia, fale ao mundo inteiro desta Minha grande Misericórdia."
(Diário, 300)

DIA 115 com a DIVINA MISERICÓRDIA — 25 de abril

Jesus a Santa Faustina
"Tu és testemunha da Minha misericórdia, ficarás pelos séculos diante do Meu Trono como testemunha viva da Minha misericórdia."
(Diário, 417)

"MISERICORDIANDO" COM O PAPA FRANCISCO

Redescubramos as obras de misericórdia corporais: dar de comer aos famintos, dar de beber aos sedentos, vestir os nus, acolher os peregrinos, dar assistência aos doentes, visitar os presos, enterrar os mortos. E não esqueçamos as obras de misericórdia espirituais: aconselhar os indecisos, ensinar os ignorantes, corrigir os que erram, consolar os tristes, perdoar as ofensas, suportar com paciência as pessoas molestas, rezar a Deus pelos vivos e defuntos.

Bula Misericordiae Vultus, 15

DIA 116 com a DIVINA MISERICÓRDIA · **26 de abril**

Santa Faustina a Jesus
"Meu Jesus, minha força, minha paz e meu descanso, nos Vossos raios de misericórdia mergulha a minha alma todos os dias." (Diário, 697)

HÁ ALEGRIA DISPONÍVEL PARA VOCÊ!

Quando você perde seu emprego, ou quando o médico lhe dá o diagnóstico de uma doença, ou quando um ente querido se afasta de Deus, ou quando você está passando por uma intensa temporada de turbulência emocional, ainda é possível experimentar a força da alegria.

Não importa o que está enfrentando hoje, há alegria disponível para você!

Em que área de sua vida há estresse, medo ou raiva? Estas emoções roubam-lhe a sua força e fazem com que você se sinta fraco e fora de controle. Em vez disso, entregue essas realidades a Deus. Comece a planejar segundo a força da alegria que vem do Espírito de Deus que reside dentro de você. Lembre-se, a alegria é uma força espiritual!

DIA 117 com a DIVINA MISERICÓRDIA — 27 de abril

Santa Faustina a Jesus

"Vós me perdoastes mais do que eu ousei esperar, ou fui capaz de supor." (Diário, 1485)

ALEGRIA É UM DOM DE DEUS

A alegria é um dos frutos do Espírito Santo, que habita no coração do cristão: "O fruto do Espírito, porém, é: amor, alegria, paz, paciência, amabilidade, bondade, lealdade..." (Gálatas 5, 22). Uma vez que Deus é o autor de todas essas coisas boas, quando uma pessoa se torna cristã e está unida a Deus mediante a fé em Jesus, o Espírito Santo lhe transmite essas características. Alegria também é parte integrante do Reino de Deus e existirá sempre que os irmãos estiverem reunidos, "pois o Reino de Deus não é comida e bebida, mas é justiça e paz e alegria no Espírito Santo" (Romanos 14,17).

DIA 118 com a DIVINA MISERICÓRDIA — 28 de abril

Jesus a Santa Faustina

"Neste dia, estão abertas as entranhas da Minha misericórdia. Derramo todo um mar de graças sobre as almas que se aproximam da fonte da Minha misericórdia. (...) Que nenhuma alma tenha medo de se aproximar de Mim, ainda que seus pecados sejam como o escarlate." (Diário, 699)

DIA 119 com a DIVINA MISERICÓRDIA — *29 de abril*

Jesus a Santa Faustina
"Diz aos pecadores que sempre espero por eles, presto atenção ao pulsar do coração deles, para ver quando baterá por mim." (Diário, 1728)

A ALEGRIA É UMA ESCOLHA DE AÇÃO (OBEDIÊNCIA) QUE FAZEMOS NO SEGUIMENTO DE JESUS CRISTO.

*13 formas de **obediência** que produzem **alegria**:*

1. *Seguir a Palavra de Deus – Salmo 119, 14; Salmo 19, 8*
2. *Confiar em Deus – Romanos 15, 13*
3. *Estar na presença de Deus – Salmo 16, 9-11*
4. *Compreender a Palavra de Deus – Jeremias 15, 16; João 17, 13*
5. *Ser pacificador – Provérbios 20; Mateus 5, 9; Salmo 37, 4-5*
6. *Esperar em Deus – Romanos 12*
7. *Tornar-se sábio – Provérbios 15, 23*
8. *Adorar – Salmo 100, 2; Salmo 149, 1-5*
9. *Servir aos outros – Filipenses 2, 1-5*
10. *Permanecer em Cristo – João 15, 9-11*
11. *Ser generoso – 2 Coríntios 8, 2*
12. *Ser fiel – Mateus 25, 21*
13. *Ter gratidão pelas bênçãos – Salmo 126, 1-6*

Jesus, eu confio em Vós!

DIA 120 com a **DIVINA MISERICÓRDIA** · *30 de abril*

Jesus a Santa Faustina

"'Faça-se em mim não como eu quero, mas conforme a Vossa vontade, ó Deus.' Deves saber que essas palavras, pronunciadas da profundeza do coração, nesse mesmo instante elevam a alma ao auge da santidade." (Diário, 1487)

DÊ O PRÓXIMO PASSO

Jesus disse: "Vai, tua fé te salvou."
No mesmo instante, ele recuperou a vista e foi seguindo Jesus pelo caminho. (Marcos 10, 52)

Fé

5 maio

Uma pergunta por mês para vermos o quanto Deus faz novas todas as coisas em nossas vidas ao longo dos ano

NO MÊS DE MAIO VOCÊ SE LIVROU DE...

Ano de 20....

Ano de 20....

Ano de 20....

Ano de 20....

DIA 121 com a DIVINA MISERICÓRDIA — **1º de maio**

Maria Santíssima a Santa Faustina
"Não sou apenas a Rainha do Céu, mas também Mãe de Misericórdia e tua Mãe." (Diário, 330)

SÃO JOÃO PAULO II, O PAPA DA MISERICÓRDIA

Dirigimos o olhar para Maria Santíssima, que hoje invocamos com o título dulcíssimo de Mater misericordiae. Maria é "Mãe de misericórdia" porque Mãe de Jesus, no qual Deus revelou ao mundo o seu "coração" transbordante de amor.

É, verdadeiramente, mediante a maternidade da Virgem Maria que a compaixão de Deus pelo homem se comunicou ao mundo. Começada em Nazaré por obra do Espírito Santo, a maternidade de Maria teve plena realização no mistério pascal, quando ela foi intimamente associada à paixão, morte e ressurreição do divino Filho. Aos pés da Cruz, a Senhora torna-se mãe dos discípulos de Cristo, mãe da Igreja e de toda a humanidade.

Regina Caeli, 22 de abril de 2001

DIA 122 com a DIVINA MISERICÓRDIA — 2 de maio

Maria Santíssima a Santa Faustina
"Minha filha, busca o silêncio e a humildade, para que Jesus, que habita continuamente no teu coração, possa repousar. Adora-O no teu coração (...)." (Diário, 785)

SALMO DE MISERICÓRDIA
SALMO 51, 3-6

Oração por misericórdia e graça

Ó Deus, tem piedade de mim, conforme a tua misericórdia; no teu grande amor cancela o meu pecado. Lava-me de toda a minha culpa e purifica-me de meu pecado. Reconheço a minha iniquidade e meu pecado está sempre diante de mim. Contra ti, só contra ti eu pequei, eu fiz o que é mal a teus olhos; por isso és justo quando falas, reto no teu julgamento.

DIA 123 com a DIVINA MISERICÓRDIA — 3 de maio

Maria Santíssima a Santa Faustina

"Permanece com Ele continuamente no teu próprio coração. Ele será a tua força." (Diário, 785)

SALMO DE MISERICÓRDIA
SALMO 51, 7-15

Eis que na culpa fui gerado, no pecado minha mãe me concebeu. Mas tu queres a sinceridade do coração e no íntimo me ensinas a sabedoria. Purifica-me com o hissopo e ficarei puro; lava-me e ficarei mais branco que a neve. Faze-me ouvir alegria e júbilo, exultem os ossos que tu quebraste. Afasta o olhar dos meus pecados, cancela todas as minhas culpas. Cria em mim, ó Deus, um coração puro, renova em mim um espírito resoluto. Não me rejeites da tua presença e não me prives do teu santo espírito. Devolve-me a alegria de ser salvo, que me sustente um ânimo generoso. Quero ensinar teus caminhos aos que erram e a ti voltarão os pecadores.

Quando uma criança cai, o que faz?

"Mas se caíres, levanta-te! Levanta-te!" Quando uma criança cai, o que faz? Levanta a mão para a mãe, para o pai, para que a ajude a levantar-se. Façamos o mesmo! Se caíres por debilidade no pecado, levanta a tua mão: o Senhor pega nela para te ajudar a levantar. Esta é a dignidade do perdão de Deus! A dignidade que o perdão de Deus nos confere é a de nos levantarmos, de nos pormos sempre de pé, porque Ele criou o homem e a mulher para que estejam de pé.

Papa Francisco, Audiência geral, 30 de março de 2016

DIA 124 com a DIVINA MISERICÓRDIA — **4 de maio**

Reflexão de Santa Faustina
"A humildade e o amor da Virgem Imaculada penetravam a minha alma. Quanto mais imito Nossa Senhora, tanto mais profundamente conheço a Deus."
(Diário, 843)

SALMO DE MISERICÓRDIA
SALMO 51, 16-21

Livra-me do sangue, ó Deus, Deus meu salvador e minha língua celebrará tua justiça. Senhor, abre meus lábios e minha boca proclame o teu louvor. Pois não te agrada o sacrifício e, se ofereço holocaustos, não os aceitas. Sacrifício para Deus é um espírito contrito; não desprezas, ó Deus, um coração contrito e humilhado. No teu amor sê propício a Sião, reconstrói os muros de Jerusalém. Então vão te agradar os sacrifícios prescritos, o holocausto e a inteira oblação; então imolarão vítimas sobre o teu altar.

ROGAI POR NÓS

DIA 125 com a DIVINA MISERICÓRDIA · **5 de maio**

Santa Faustina a Maria Santíssima
"Ó Virgem resplandecente, pura como o cristal, toda submersa em Deus, entrego-Vos minha vida interior." (Diário, 844)

REZE HOJE O CANTO DE MARIA

O Magnificat

A minha alma engrandece o Senhor, e meu espírito se alegra em Deus, meu Salvador, porque Ele olhou para a humildade de sua serva. Todas as gerações, de agora em diante, me chamarão feliz,
porque o Poderoso fez para mim coisas grandiosas. O seu nome é santo, e sua misericórdia se estende de geração em geração sobre aqueles que o temem.
Ele mostrou a força de seu braço: dispersou os que têm planos orgulhosos no coração.
Derrubou os poderosos de seus tronos e exaltou os humildes.
Encheu de bens os famintos, e mandou embora os ricos de mãos vazias.
Acolheu Israel, seu servo, lembrando-se de sua misericórdia,
conforme prometera a nossos pais, em favor de Abraão e de sua descendência, para sempre.

DIA 126 com a DIVINA MISERICÓRDIA | **6 de maio**

Santa Faustina a Maria Santíssima
"Mãe dulcíssima, ensinai-me a vida interior." (Diário, 915)

5 DISCIPLINAS DA VIDA INTERIOR

1. A PRIORIDADE DA ORAÇÃO:
Nossa vida interior deve ser construída através da comunhão diária com Deus.

2. SOLITUDE OU TEMPO COM DEUS:
Solitude é quando nos colocamos a sós com Deus em tempo reservado, na parte da manhã ou à noite, para desfrutar de sua presença.

3. ORAR PELOS OUTROS:
Um aspecto de humildade muito enriquecedor para a vida de oração é o de lembrar-se dos outros em preces.

4. LER A PALAVRA DE DEUS:
Ao lermos a Palavra, nós voltamos nossa mente a Cristo, permitindo que modele nossos pensamentos e atitudes.

5. MEDITAÇÃO:
A meditação dá-nos a oportunidade de entrar em comunhão e diálogo com Deus mediante uma parada temporária na vida cotidiana. Ali, voltamo-nos a Ele e à sua Palavra.

JESUS, EU CONFIO EM VÓS!

DIA 127 com a DIVINA MISERICÓRDIA — 7 de maio

Santa Faustina a Maria Santíssima
"Ó Virgem pura, derramai coragem no meu coração e velai por ele." (Diário, 915)

A MÃE DE MISERICÓRDIA E O PAPA FRANCISCO

Maria atesta que a misericórdia do Filho de Deus não conhece limites e alcança a todos, sem excluir ninguém. Dirijamos-Lhe a oração, antiga e sempre nova, da Salve-Rainha, pedindo-Lhe que nunca se canse de volver para nós os seus olhos misericordiosos e nos faça dignos de contemplar o rosto da misericórdia, seu Filho Jesus.
Misericordiae vultus, 24

SALVE-RAINHA

Salve Rainha, Mãe de misericórdia, vida, doçura e esperança nossa, salve! A vós bradamos os degradados filhos de Eva. A vós suspiramos, gemendo e chorando neste vale de lágrimas. Eia pois advogada nossa, esses vossos olhos misericordiosos a nós volvei. E depois deste desterro, mostrai-nos Jesus, bendito fruto de vosso ventre.
Ó clemente! Ó piedosa!
Ó doce sempre Virgem Maria!
V. Rogai por nós Santa Mãe de Deus.
R. Para que sejamos dignos das promessas de Cristo.
Amém.

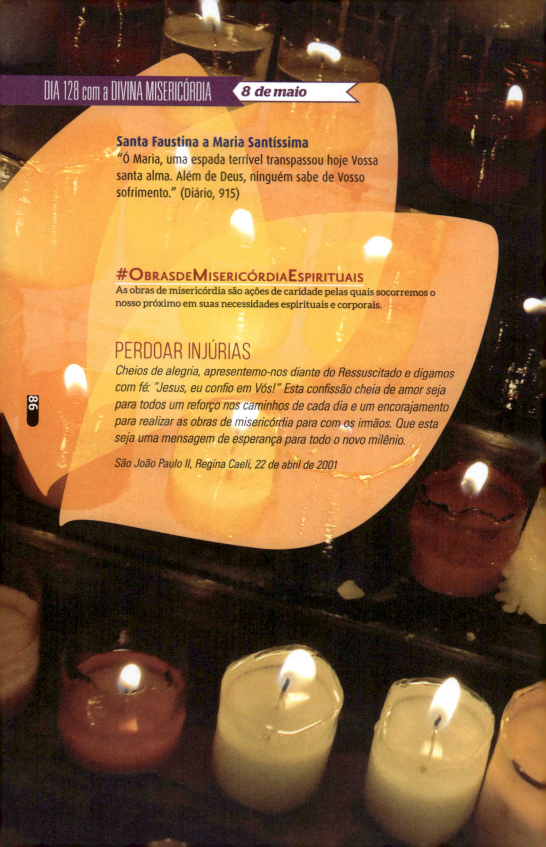

DIA 128 com a DIVINA MISERICÓRDIA — 8 de maio

Santa Faustina a Maria Santíssima
"Ó Maria, uma espada terrível transpassou hoje Vossa santa alma. Além de Deus, ninguém sabe de Vosso sofrimento." (Diário, 915)

#ObrasdeMisericórdiaEspirituais
As obras de misericórdia são ações de caridade pelas quais socorremos o nosso próximo em suas necessidades espirituais e corporais.

PERDOAR INJÚRIAS

Cheios de alegria, apresentemo-nos diante do Ressuscitado e digamos com fé: "Jesus, eu confio em Vós!" Esta confissão cheia de amor seja para todos um reforço nos caminhos de cada dia e um encorajamento para realizar as obras de misericórdia para com os irmãos. Que esta seja uma mensagem de esperança para todo o novo milênio.

São João Paulo II, Regina Caeli, 22 de abril de 2001

DIA 129 com a DIVINA MISERICÓRDIA — **9 de maio**

Santa Faustina a Maria Santíssima
"Maria, Virgem Imaculada, colocai-me sob a Vossa especial proteção, cuidai da pureza da minha alma, coração e corpo." (Diário, 874)

#ObrasdeMisericórdiaEspirituais
As obras de misericórdia são ações de caridade pelas quais socorremos o nosso próximo em suas necessidades espirituais e corporais.

PERDOAR INJÚRIAS
Perdoar os outros se torna difícil às vezes porque não nos inspiramos na misericórdia e na compaixão ilimitadas de Deus. Jesus nos ensina que devemos perdoar como Deus perdoa. Por isso, contemos com Ele para nos ajudar a mostrar aos outros essa Divina Misericórdia.

4 DICAS DE FÉ
1. Deixe de lado ressentimentos
2. Pedir desculpas é algo que aprendemos quando crianças, mas quantas vezes nós realmente fizemos isso? O perdão transforma corações e vidas
3. Busque o sacramento da Penitência
4. Reze o Terço da Divina Misericórdia

DIA 130 com a DIVINA MISERICÓRDIA — 10 de maio

Santa Faustina a Maria Santíssima
"Ó Maria, Virgem Imaculada, cristal puro para o meu coração, tu és a minha força, ó âncora firme, tu és o escudo e a proteção do coração fraco." (Diário, 161)

#ObrasdeMisericórdiaEspirituais
As obras de misericórdia são ações de caridade pelas quais socorremos o nosso próximo em suas necessidades espirituais e corporais.

PERDOAR INJÚRIAS
"De boa vontade"

A palavra-chave nessa obra de misericórdia é "boa vontade". Não devemos perdoar aqueles que nos ofenderam da boca para fora. Não podemos apenas perdoar relutantemente, desejando, no fundo, não perdoar o ofensor. O perdão deve vir de um coração disposto. Uma das maneiras pelas quais podemos cultivar um coração que perdoa é a devoção à Divina Misericórdia ensinada por Santa Faustina. Jesus é a própria Misericórdia e nos ensina a maneira perfeita e ilimitada do perdão. Vamos descansar nossa cabeça sobre seu coração e ouvir o ritmo doce da Misericórdia.

DIA 131 com a DIVINA MISERICÓRDIA — **11 de maio**

Maria Santíssima a Santa Faustina

"Sou a Rainha do céu e da Terra, mas especialmente a vossa Mãe. (...)
Sempre Me compadeço de ti." (Diário, 805)

2 PALAVRAS DE SÃO JOÃO PAULO II SOBRE A MÃE DE MISERICÓRDIA

1. *Maria é, pois, aquela que, de modo particular e excepcional —
como ninguém mais —, experimentou a misericórdia e, também
de modo excepcional, tornou possível com o sacrifício do coração
a sua participação na revelação da misericórdia divina.*

2. *Ninguém jamais experimentou, como a Mãe do Crucificado, o
mistério da Cruz, o impressionante encontro da transcendente
justiça divina com o amor, o "ósculo" dado pela misericórdia à
justiça.*

Dives in misericordia, 9

DIA 132 com a DIVINA MISERICÓRDIA — 12 de maio

Maria Santíssima a Santa Faustina

"Desejo, minha filha caríssima, que te exercites em três virtudes, que Me são as mais caras e as mais agradáveis a Deus: a primeira é a humildade, a humildade e mais uma vez humildade; a segunda, a pureza; a terceira, o amor a Deus." (Diário, 1415)

2 características do misericordioso:

Ser paciente com as particularidades das pessoas.

Ajudar alguém próximo que está sofrendo.

DIA 133 com a DIVINA MISERICÓRDIA — 13 de maio

Santa Faustina a Maria Santíssima

"Ó Maria, Tu és pura e incomparável, Virgem e Mãe ao mesmo tempo, Tu és bela como o sol, sem mancha alguma." (Diário, 161)

+2 características do misericordioso:

Dar às pessoas uma segunda chance.

Fazer o bem aos que o feriram.

DIA 134 com a DIVINA MISERICÓRDIA — 14 de maio

Reflexão de Santa Faustina
"A minha devoção a Nossa Senhora cresceu mais. Foi Ela que me ensinou a amar a Deus interiormente e em tudo cumprir a Sua santa vontade." (Diário, 40)

+3 características do misericordioso:

Ser gentil com aqueles que o ofenderem.

Construir pontes de amor ao excluído.

Valorizar mais as pessoas do que as regras.

DIA 135 com a DIVINA MISERICÓRDIA — 15 de maio

Santa Faustina a Maria Santíssima
"Sois alegria, ó Maria, porque por Vós Deus desceu à Terra e ao meu coração." (Diário, 40)

DIA 136 com a DIVINA MISERICÓRDIA — 16 de maio

Santa Faustina a Maria Santíssima
"Ó Mãe, Virgem Imaculada,
Em Vós vejo refletido um raio de Deus.
Vós me ensinais como amar o Senhor em meio às tempestades,
Vós sois meu escudo e defesa contra o inimigo." (Diário, 1232)

"Há bondade no Senhor, sem fim, misericórdia que não acaba! Hoje e sempre está se renovando sua grande fidelidade." (Lamentações 3, 22–23).

As misericórdias de hoje são para problemas de hoje. As misericórdias de amanhã são para os problemas de amanhã. As misericórdias do Senhor não cessam; suas misericórdias não chegam ao fim; elas são novas todas as manhãs.

DIA 137 com a DIVINA MISERICÓRDIA — 17 de maio

Reflexão de Santa Faustina
"Vivo sob o manto virginal da Mãe de Deus. Ela me defende e instrui." (Diário, 1097)

Santo Agostinho e a Misericórdia
"É mais fácil que Deus contenha a ira do que a misericórdia." (Comentário aos Salmos, 76, 11)

DIA 138 com a DIVINA MISERICÓRDIA — 18 de maio

Reflexão de Santa Faustina

"Estou tranquila junto ao Seu Imaculado Coração e, porque sou tão fraca e inexperiente, aconchego-me, como uma criança, ao Seu Coração." (Diário, 1097)

ORAÇÃO A MARIA, MÃE DE MISERICÓRDIA

Sob o teu manto há lugar para todos,
porque tu és a Mãe da Misericórdia.
O teu coração está cheio de ternura para com todos os teus filhos:
a ternura de Deus, que de ti tomou a carne
e tornou-se nosso irmão, Jesus,
Salvador de todos os homens e mulheres.
Olhando para ti, nossa Mãe Imaculada,
reconhecemos a vitória da Divina Misericórdia
sobre o pecado e sobre todas as suas consequências;
e reacende-se em nós a esperança numa vida melhor,
livre de escravidão, rancores e receios.

Oração do Papa Francisco, 8 de dezembro de 2015

DIA 139 com a DIVINA MISERICÓRDIA — 19 de maio

Santa Faustina a Maria Santíssima
"Ó Doce Mãe de Deus, Vós sois o modelo da minha vida, Vós sois minha aurora brilhante." (Diário, 1232)

+ 2 PALAVRAS DE SÃO JOÃO PAULO II SOBRE A MÃE DE MISERICÓRDIA

1. Este título que atribuímos à Mãe de Deus fala dela sobretudo como Mãe do Crucificado e do Ressuscitado, daquela que, tendo experimentado a misericórdia de um modo excepcional, merece igualmente tal misericórdia durante toda a sua vida terrena e, de modo particular, aos pés da cruz do Filho.

2. Tal título diz-nos também que Ela, através da participação escondida e, ao mesmo tempo, incomparável na missão messiânica de seu Filho, foi chamada de modo especial para tornar próximo dos homens o amor que o Filho tinha vindo revelar: amor que encontra a sua mais concreta manifestação para com os que sofrem, os pobres, os que estão privados de liberdade, os cegos, os oprimidos e os pecadores.

Dives in misericordia, 9

DIA 140 com a DIVINA MISERICÓRDIA — 20 de maio

Reflexão de Santa Faustina

"Antes de cada Santa Comunhão, peço com fervor a Nossa Senhora que me ajude na preparação da minha alma para a vinda de Seu Filho (...)." (Diário, 1114)

"MISERICORDIAR"

#ObrasdeMisericórdiaEspirituaisPerdoarInjúrias

DICA DE FÉ #1

Busque o sacramento da Penitência

Guia para o Sacramento

O sacramento da Penitência ou Reconciliação é o sacramento do perdão, misericórdia, da cura e da renovação. Por este sacramento, confiado à Igreja, Deus nos oferece o perdão certo de nossos pecados e a força para tornarem-se mais fiéis os seguidores de Jesus Cristo. Nós nos aproximamos do sacramento com um sincero pesar por nossos pecados e um desejo de mudar. Deixamos o sacramento com a alegria do arrependimento, a gratidão pelo dom do perdão de Deus e a resolução de avançar como discípulos mais leais de Jesus Cristo.

DIA 141 com a DIVINA MISERICÓRDIA — 21 de maio

Santa Faustina a Maria Santíssima
"Ó Maria, ó Virgem – Lírio mais belo, Teu Coração foi o primeiro sacrário de Jesus na terra." (Diário, 161)

"MISERICORDIAR"
#ObrasdeMisericórdiaEspirituaisPerdoarInjúrias

DICA DE FÉ PARA HOJE #2
Busque o sacramento da Penitência

Guia para o sacramento
Prepare-se para o sacramento pedindo a graça do Espírito Santo, para que você possa conhecer realmente a necessidade do perdão de Deus e reconhecer como Ele é grande e generoso em lhe doar esse perdão.

"VINDE, ESPÍRITO SANTO, concedei-me a graça de reconhecer com clareza os meus pecados, de seriamente me arrepender, de fazer uma boa e sincera Confissão e de verdadeiramente me tornar melhor. Amém."
(YouCat Update! Confissão!, p. 36)

DIA 142 com a DIVINA MISERICÓRDIA | **22 de maio**

Reflexão de Santa Faustina
"Ele é Um só, Único, mas em Três pessoas; nenhuma delas sendo menor ou maior; não há diferença, nem na beleza, nem na santidade, porque são um só ser." (Diário, 911)

VAMOS "MISERICORDIAR"
#ObrasdeMisericórdiaEspirituaisPerdoarInjúrias

DICA DE FÉ SOBRE O SACRAMENTO DA PENITÊNCIA #3

Guia para o sacramento
UM EXAME DE CONSCIÊNCIA /
UM OLHAR SOBRE A SUA VIDA E DECISÕES

Ame o Senhor teu Deus com todo o teu entendimento, com todo o teu coração, com toda a tua força...

- Tenho guardado o dom da fé em Deus?
- Eu confio em Deus?
- Tenho orado?
- Tenho observado o Dia do Senhor, participando da Missa e descansando do trabalho desnecessário?
- Tenho respeitado o santo nome de Deus?

DIA 143 com a DIVINA MISERICÓRDIA — *23 de maio*

Santa Faustina a Maria Santíssima
"Maria, minha Mãe e Senhora, entrego-Vos a minha alma e o meu corpo, a minha vida e a minha morte e tudo o que vier depois dela." (Diário, 79)

"MISERICORDIAR" MAIS E MAIS
#ObrasdeMisericórdiaEspirituaisPerdoarInjúrias

DICA DE FÉ SOBRE O SACRAMENTO DA PENITÊNCIA #4

Guia para o sacramento
UM EXAME DE CONSCIÊNCIA /
UM OLHAR SOBRE A SUA VIDA E DECISÕES

Amar o próximo como a si mesmo...

- Como tenho vivido o amor à minha família, a meus pais, meus filhos, minha gente?
- Tenho respeitado a vida desde a concepção até a morte natural?
- Tenho feito o mal a alguém?
- Alimento-me de raivas ou ressentimentos?
- Coloco em risco outras pessoas ou a mim mesmo?
- Tenho respeitado o dom da minha sexualidade?

DIA 144 com a DIVINA MISERICÓRDIA — *24 de maio*

Santa Faustina a Maria Santíssima
"Cobri a minha alma com o Vosso manto virginal e concedei-me a graça da pureza do coração, da alma e do corpo." (Diário, 79)

"MISERICORDIAR" SEMPRE
#OBRASDEMISERICÓRDIAESPIRITUAISPERDOARINJÚRIAS

DICA DE FÉ SOBRE O SACRAMENTO DA PENITÊNCIA #5

Guia para o sacramento
UM EXAME DE CONSCIÊNCIA /
UM OLHAR SOBRE A SUA VIDA E DECISÕES

Amar o próximo como a si mesmo... parte 2

- Tenho respeitado os bens dos outros?
- Não tomei nada, nem danifiquei coisa alguma?
- Trabalhei de forma honesta e recompensei aqueles que trabalharam para mim?
- Vivo os princípios da justiça?
- Tenho respeitado a verdade?
- Não tenho mentido e nem prejudicado a reputação de outros?
- Tenho sido respeitoso com o próximo ou sinto luxúria, inveja e ciúme em mim?
- Tenho cuidado daqueles que necessitam de apoio?
- Tenho sido uma presença misericordiosa e compassiva neste mundo?
- Tenho contribuído para o bem comum da sociedade em que vivo?

DIA 145 com a DIVINA MISERICÓRDIA — *25 de maio*

Santa Faustina a Maria Santíssima

"Defendei-me com o Vosso poder de todos os inimigos, especialmente daqueles que escondem a própria maldade com a máscara da virtude." (Diário, 79)

"MISERICORDIAR" E "MISERICORDIAR"

#ObrasdeMisericórdiaEspirituaisPerdoarInjúrias

DICA DE FÉ SOBRE O SACRAMENTO DA PENITÊNCIA #6

Guia para o sacramento

Na Confissão

Comece dizendo:
Abençoe-me, padre, porque pequei.
Minha última confissão foi em...
Estes são os meus pecados...

Receba do padre a absolvição e a sua penitência.

Reze um ato de contrição, uma oração de arrependimento.
Diga uma espontaneamente ou recite a oração a seguir:

Meu Deus,
lamento pelos meus pecados de todo o meu coração.
Na escolha de fazer o mal e não para fazer o bem,
pequei contra ti, a quem devo amar acima de todas as coisas.
Estou firmemente decidido, com a ajuda da sua graça, a confessar os
meus pecados, fazer penitência e modificar a minha vida. Amém.

Em seguida, faça a penitência que o sacerdote lhe recomendou.
Sua penitência é um sinal para si mesmo e a Deus de sua vontade de
mudar e reparar qualquer dano que possa ter causado a si mesmo ou
aos outros.

Finalmente, dê graças a Deus pelo dom da sua misericórdia e perdão.

DIA 146 com a DIVINA MISERICÓRDIA **26 de maio**

Santa Faustina a Maria Santíssima
"Mãe de Deus, Maria Santíssima, minha Mãe, sois agora minha Mãe de uma forma especial, porque Vosso Filho amado é meu Esposo, e portanto somos ambos filhos Vossos." (Diário, 240)

A MÃE DE MISERICÓRDIA E BEATO PAULO VI

E se as graves culpas dos homens pesam na balança da justiça de Deus e provocam os seus justos castigos, sabemos por outro lado que o Senhor é "o Pai das misericórdias e o Deus de toda a consolação" (2 Cor 1, 3), e que Maria Santíssima foi constituída administradora e dispensadora generosa dos tesouros da sua misericórdia. Ela, que experimentou as penas e as tribulações da terra, o cansaço do trabalho de cada dia, os incômodos e os apertos da pobreza, as dores do Calvário, venha em socorro das necessidades da Igreja e do mundo.

Carta Encíclica Mense Maio, 10

DIA 147 com a DIVINA MISERICÓRDIA — 27 de maio

Santa Faustina a Maria Santíssima
"Maria, minha Mãe caríssima, guiai minha vida interior para que ela seja agradável a Vosso Filho." (Diário, 240)

A MÃE DE MISERICÓRDIA E BENTO XVI

Divina Misericórdia: o Santo Padre encontrou um reflexo mais puro da misericórdia de Deus na Mãe de Deus. Ele, que ainda em tenra idade perdeu a mãe, amou muito mais a Mãe divina. Ouviu as palavras do Senhor crucificado como se fossem ditas precisamente a ele: "Eis a tua mãe!" E fez como o discípulo predileto: acolheu-a no íntimo do seu ser, Totus tuus. E da mãe aprendeu a conformar-se com Cristo.

Missa das Exéquias do Romano Pontífice João Paulo II
Homilia do Cardeal Joseph Ratzinger
8 de abril de 2005

DIA 148 com a DIVINA MISERICÓRDIA — 28 de maio

Santa Faustina a Maria Santíssima
"Mãe da graça, ensinai-me a viver com Deus!" (Diário, 315)

DIA 149 com a DIVINA MISERICÓRDIA — 29 de maio

Reflexão de Santa Faustina
"Hoje uni-me intimamente a Nossa Senhora e revivi as suas experiências mais íntimas." (Diário, 182)

DIA 150 com a DIVINA MISERICÓRDIA — 30 de maio

Maria Santíssima a Santa Faustina
"Causas-me grande alegria quando glorificas a Santíssima Trindade pelas graças e privilégios que Me foram concedidos." (Diário, 564)

À humanidade, que no momento parece desfalecida e dominada pelo poder do mal, do egoísmo e do medo, o Senhor ressuscitado oferece como dom o seu amor que perdoa, reconcilia e abre novamente o ânimo à esperança. Quanta necessidade tem o mundo de compreender e de acolher a Divina Misericórdia! Senhor, que com a tua morte e ressurreição revelas o amor do Pai, nós cremos em Ti e com confiança te repetimos no dia de hoje: Jesus eu confio em Ti, tem misericórdia de nós e do mundo inteiro.

Celebração Eucarística em Sufrágio de Sua Santidade João Paulo II
Regina Caeli, Solenidade da Divina Misericórdia, 3 de abril de 2005

DIA 151 com a DIVINA MISERICÓRDIA — 31 de maio

Santa Faustina a Maria Santíssima
"Ó Maria, Mãe Virgem e Porta do Céu, por Ti nos veio a salvação, e toda graça flui para nós por Tuas mãos, e apenas a fiel imitação de Ti me santificará." (Diário, 161)

PALAVRA DE MISERICÓRDIA
MIQUEIAS 6, 8

Já te foi indicado, ó homem, o que é bom, o que o Senhor exige de ti. É só praticar o direito, amar a misericórdia e caminhar humildemente com teu Deus.

Jesus, eu confio em Vós!

Uma pergunta por mês para vermos o quanto Deus faz novas todas as coisas em nossas vidas ao longo dos anos

QUAL É A GRANDE MELHORA EM SEU CORAÇÃO NESTE MÊS DE JUNHO?

Ano de 20....

Ano de 20....

Ano de 20....

Ano de 20....

DIA 152 com a DIVINA MISERICÓRDIA — **1º de junho**

Santa Faustina a Jesus

"Saúdo-Vos, Chaga aberta do Coração Santíssimo, do qual saíram os raios da Misericórdia (...)." (Diário, 1321)

A MISERICÓRDIA, PELO PAPA FRANCISCO

Este amor, esta lealdade do Senhor, manifesta a humildade do seu Coração: Jesus não veio para conquistar os homens como os reis e os poderosos deste mundo, mas sim para oferecer amor com mansidão e humildade. Eis como Ele mesmo se definia: Aprendei de mim, que sou manso e humilde de coração (Mateus 11, 29). E o sentido da (celebração) do Sagrado Coração de Jesus consiste em descobrir cada vez mais e em deixar-nos abraçar pela lealdade humilde da mansidão do amor de Cristo, Revelação da misericórdia do Pai. Nós podemos experimentar e saborear a ternura deste amor em cada fase da vida: no tempo da alegria e da tristeza, no tempo da saúde e da enfermidade e da doença.

Santa Missa na Solenidade do Sagrado Coração de Jesus, 7 de julho de 2014

DIA 153 com a DIVINA MISERICÓRDIA — **2 de junho**

Jesus a Santa Faustina

"Os dois raios representam o Sangue e a Água: o raio pálido significa a Água que justifica as almas; o raio vermelho significa o Sangue que é a vida das almas." (Diário, 299)

"Desejo que conheças mais a fundo o Meu amor, de que está inflamado o Meu Coração pelas almas, e compreenderás isso quando refletires sobre a Minha Paixão. Invoca a Minha misericórdia para com os pecadores, pois desejo a salvação deles. Quando de coração contrito e confiante rezares essa oração por algum pecador, Eu lhe darei a graça da conversão. Esta pequena prece é a seguinte:

Ó Sangue e Água que jorrastes do Coração de Jesus
como fonte de misericórdia para nós,
eu confio em Vós!" (Diário, 187)

DIA 154 com a DIVINA MISERICÓRDIA — **3 de junho**

Santa Faustina a Jesus

"Saúdo-Vos, Coração misericordiosíssimo de Jesus, fonte viva de todas as graças, nossa única proteção e refúgio (...)."
(Diário, 1321)

INVOCAREI O DEUS ALTÍSSIMO

Os cristãos precisam muitas vezes repetir a oração do publicano: "Deus, sê misericordioso para comigo, pecador." Se a nossa alma confia no Senhor, teremos segurança durante nossos maiores perigos: mesmo de tenhamos que passar por uma longa privação, nesse meio tempo, pela fé e oração, Ele será o nosso refúgio.

DIA 155 com a DIVINA MISERICÓRDIA   **4 de junho**

Reflexão de Santa Faustina

"Estou tranquila junto ao Seu Imaculado Coração e, porque sou tão fraca e inexperiente, aconchego-me, como uma criança, ao Seu Coração." (Diário, 1097)

SALMO DE MISERICÓRDIA
SALMO 57, 1-6

Ao maestro do coro. "Não destruas". Poema de Davi. Quando fugiu de Saul na caverna. Piedade de mim, ó Deus, tem piedade, pois em ti me refugio; abrigo-me à sombra de tuas asas até que passe o perigo. Invocarei o Deus Altíssimo, Deus que me faz o bem. Mande do céu para salvar-me, confundindo os meus perseguidores, Deus, mande sua fidelidade e sua graça. Eu me deito entre leões, que devoram a gente: seus dentes são lanças e flechas, sua língua espada afiada. Ó Deus, eleva-te acima do céu, sobre toda a terra se estenda a tua glória

ORAÇÃO DE LOUVOR

Pai das Misericórdias, assim como Davi louvou teu amor fiel,
também quero te agradecer.
É grande a confiança que sinto em minha alma
sabendo que teu amor por mim é fiel e verdadeiro.
Teu amor é constante e nunca se acabará,
não importa o que eu venha a experimentar ou sentir.
Impressiona-me como tua lealdade é grande para comigo,
especialmente porque eu não tive lealdade para contigo.
Pai das Misericórdias, obrigado por manter comigo uma aliança
de amor. Amém.

DIA 156 com a DIVINA MISERICÓRDIA — 5 de junho

Jesus a Santa Faustina

"Diz à Humanidade sofredora que se aconchegue no Meu misericordioso Coração, e Eu a encherei de paz." (Diário, 1074)

Nas Escrituras, vários aspectos da anatomia humana são usados para definir a pessoa, mas o mais utilizado é o coração.

O coração é a sede

da emoção (Sl 25, 1; Pr 14, 10; Is 66, 14 ; Jo 14, 1; Rm 9, 2)
da inteligência (Pr 16, 1 ; Lc 9, 47)
da moral (Sl 58, 2; Rm 1, 24)
da escolha humana (Dt 8, 2; Lc 21, 34; At 11, 23)
e da vida religiosa (Dt 6, 5; Jr 31, 33 ; Rm 10, 9-10 ; Gl 4,6)

É no coração que deus trabalha;
ele pode ser macio como a carne ou duro como pedra (Ez 11, 19)

DIA 157 com a DIVINA MISERICÓRDIA — 6 de junho

Santa Faustina a Jesus

"Saúdo-Vos, Coração compassivo de meu Deus, insondável fonte viva de amor, da qual brota a vida para o homem pecador (...)." (Diário, 1321)

DIA 158 com a DIVINA MISERICÓRDIA — 7 de junho

Jesus a Santa Faustina

"Ambos os raios jorraram das entranhas da Minha misericórdia, quando na Cruz o Meu Coração agonizante foi aberto pela lança." (Diário, 299)

DIA 159 com a DIVINA MISERICÓRDIA — 8 de junho

Jesus a Santa Faustina
"A Chaga do Meu Coração é uma fonte de insondável misericórdia. Dessa fonte jorram grandes graças para as almas." (Diário, 1190)

3 consequências de um coração endurecido

#1 – Ignorância
A ignorância não é a falta de acesso ao conhecimento, mas a falta de vontade de conhecer verdadeiramente a Deus.

#2 – Obscurecidos no entendimento
Não sem inteligência ou criatividade, mas cegos para a verdade de Deus. Separados da vida de Deus. Fisicamente vivos, mas espiritualmente mortos. É preciso nascer de novo.

#3 – Perda de sensibilidade
Não há mais sentimento. Trata-se de uma consciência inerte à convicção pelo Espírito de Deus. Alheia à vergonha e ao arrependimento. Dada a entrar em qualquer tipo de impureza. Com foco na satisfação dos desejos físicos/mentais e nas concupiscências.

DIA 160 com a DIVINA MISERICÓRDIA — 9 de junho

Jesus a Santa Faustina
"Não estarás sozinha, porque Eu estou contigo sempre e em toda parte. Junto ao Meu Coração, nada temas." (Diário, 797)

DIA 161 com a DIVINA MISERICÓRDIA — 10 de junho

Santa Faustina a Jesus
"Ó meu Salvador, escondei-me toda no profundo do Vosso Coração e defendei com Vossos raios diante de tudo que não seja Vós." (Diário, 465)

IA 162 com a DIVINA MISERICÓRDIA — 11 de junho

Construindo um coração misericordioso

Os 2 remédios de Deus para a dureza de coração

O arrependimento – 2Cr 34, 27

Já que teu coração amoleceu e te humilhaste diante de Deus ao ouvires as ameaças contra este lugar e seus habitantes, já que te humilhaste e rasgaste as vestes e choraste, por isso também eu escutei.

A graça – Ez 11, 19

Eu lhes darei um só coração e infundirei neles um espírito novo. Extrairei do seu corpo o coração de pedra e lhes darei um coração de carne.

Jesus a Santa Faustina
"Com a Minha Misericórdia persigo os pecadores em todos os seus caminhos, e o Meu Coração se alegra quando eles voltam a Mim." (Diário, 1728)

Jesus, eu confio em Vós!

111

DIA 163 com a DIVINA MISERICÓRDIA — 12 de junho

Santa Faustina a Jesus
"Nos abristes a porta da Vossa misericórdia. Não existe miséria que possa esgotar-Vos." (Diário, 1747)

UM REMÉDIO QUE FAZ BEM AO CORAÇÃO PRESCRITO PELO PAPA FRANCISCO

Neste momento, gostaria de vos aconselhar um remédio. Mas alguém pensa: "Agora o Papa é farmacêutico?" Trata-se de um remédio especial... Mas é um remédio de 59 contas intracordiais. Trata-se de um "remédio espiritual" chamado Misericordina. Uma caixinha com 59 contas intracordiais. Esta pequena caixa contém o remédio... Tomai-o! Contém um Rosário, com o qual podeis rezar também o "Terço da Misericórdia", auxílio espiritual para a nossa alma e para propagar em toda a parte o amor, o perdão e a fraternidade. Não vos esqueçais de o tomar, porque faz bem. Faz bem ao coração, à alma e à vida inteira!

Ângelus, 17 de novembro de 2013

DIA 164 com a DIVINA MISERICÓRDIA — 13 de junho

Santa Faustina a Jesus
"Brotaram do Vosso Coração torrentes de Sangue e Água, aí está a fonte viva da Vossa misericórdia, daí as almas recebem consolo e alívio." (Diário, 1748)

VOLTE PRA CASA DO PAI
A casa da Misericórdia

A vida humana é, de alguma forma, um constante voltar para a casa de Deus nosso Pai. Voltamos mediante a contrição, através da conversão do coração (que significa o desejo de mudar), da decisão firme de melhorar a nossa vida... Portanto, essa volta é expressa no sacrifício e doação. Voltamos para a casa de nosso Pai por meio do sacramento do Perdão (sacramento da Penitência), no qual, confessando nossos pecados, nos colocamos em Cristo e nos tornamos seus irmãos, membros da família de Deus.

DIA 165 com a DIVINA MISERICÓRDIA — 14 de junho

Santa Faustina a Jesus
"Que a Vossa graça, que desce sobre mim do Vosso compassivo Coração, me fortaleça para a luta e os sofrimentos, a fim de que Vos permaneça fiel." (Diário, 1803)

4 sinais que acompanham o coração arrependido

1. Aversão ao pecado.
2. Tristeza pela ofensa feita a Deus.
3. Desejo de expiar os pecados cometidos.
4. Decisão de não pecar no futuro.

DIA 166 com a DIVINA MISERICÓRDIA — 15 de junho

Santa Faustina a Jesus
"Mestre meu, eis que Vos entrego totalmente o leme da minha alma; conduzi-a Vós mesmo segundo os Vossos divinos agrados." (Diário, 1450)

#ObrasdeMisericórdiaEspirituais
As obras de misericórdia são ações de caridade pelas quais socorremos o nosso próximo em suas necessidades espirituais e corporais.

SUPORTAR COM PACIÊNCIA AS FRAQUEZAS DO NOSSO PRÓXIMO
Não seja amargo por conta de erros cometidos contra você. Coloque sua esperança em Deus, para que você possa suportar os problemas deste mundo e enfrentá-los com um espírito compassivo.

3 DICAS PARA SER MISERICORDIOSO
Frustrado com alguém?
- Afaste-se da situação
- Respire profundamente
- Reze o Pai-nosso, pedindo a Deus a paciência

DIA 167 com a DIVINA MISERICÓRDIA — 16 de junho

Jesus a Santa Faustina
"Fundei toda a Minha lei no amor e, no entanto, não vejo esse amor nem sequer na vida religiosa; por isso, a tristeza enche o Meu Coração." (Diário, 1478)

DIA 168 com a DIVINA MISERICÓRDIA — *17 de junho*

Santa Faustina a Jesus
"Foi à luz dos Vossos raios da Misericórdia que compreendi quanto me amais." (Diário, 1487)

Suportar com paciência as fraquezas do nosso próximo*

8 responsabilidades para com o irmão que se encontra fraco:

1. Recebê-los como Deus o receberia (Romanos 14, 1, 3)

2. Não desprezá-los (Romanos 14, 2)

3. Não colocar uma pedra de tropeço no seu caminho (Romanos 14, 13, 20)

4. Proceder com "caridade", isto é, de acordo com o amor (Romanos 14, 15)

5. Estar disposto a sacrificar os próprios direitos e liberdades de modo a não trazer a ruína para esse irmão (Romanos 14, 15)

6. Buscar a paz no corpo de Cristo (Romanos 14, 17, 19)

7. Edificar o irmão, erguendo-o para o crescimento (Romanos 14, 19)

8. Suportar com paciência suas fraquezas (Romanos 15, 1)

*#OBRASDEMISERICÓRDIAESPIRITUAIS
As obras de misericórdia são ações de caridade pelas quais socorremos o nosso próximo em suas necessidades espirituais e corporais.

DIA 169 com a DIVINA MISERICÓRDIA — 18 de junho

Reflexão de Santa Faustina

"Que ninguém duvide da bondade de Deus; ainda que os seus pecados sejam negros como a noite, a misericórdia de Deus é mais forte do que a nossa miséria." (Diário, 1507)

Ore: *Jesus, eu confio em Vós!*

DIA 170 com a DIVINA MISERICÓRDIA — 19 de junho

Reflexão de Santa Faustina

"É preciso que o pecador abra ao menos um pouco as portas do seu coração aos raios da graça, da Misericórdia de Deus, e o resto Ele completará." (Diário, 1507)

DIA 171 com a DIVINA MISERICÓRDIA — 20 de junho

Jesus a Santa Faustina
"Diz aos Meus sacerdotes que os pecadores empedernidos se arrependerão diante das palavras deles, quando falarem da Minha insondável misericórdia, da compaixão que tenho para com eles no Meu Coração." (Diário, 1521)

Santo Agostinho e a Misericórdia
O que é misericórdia? Não é outra coisa senão encher o coração de um pouco da miséria (dos outros). A palavra misericórdia deriva da dor que se sente pelo miserável. Há duas palavras contidas nesse conceito: miséria e coração. Quando o teu coração é tocado e atingido pela miséria dos outros, então isso é misericórdia. (Sermão 358 A)

Jesus, eu confio em Vós!

DIA 172 com a DIVINA MISERICÓRDIA — 21 de junho

OS PAPAS E A MISERICÓRDIA | PAPA PIO XII
Evidente é, portanto, que as revelações com que foi favorecida Santa Margarida Maria não acrescentaram nada de novo à doutrina católica. A importância delas consiste em que – ao mostrar o Senhor o seu Coração Sacratíssimo – de modo extraordinário e singular quis atrair a consideração dos homens para a contemplação e a veneração do amor misericordioso de Deus para com o gênero humano. De fato, mediante manifestação tão excepcional, Jesus Cristo expressamente e repetidas vezes indicou o seu coração como símbolo com que estimular os homens ao conhecimento e à estima do seu amor; e ao mesmo tempo constituiu-o sinal e penhor de misericórdia e de graça para as necessidades da Igreja nos tempos modernos.
Carta Encíclica Haurietis Aquas

DIA 173 com a DIVINA MISERICÓRDIA — 22 de junho

Jesus a Santa Faustina
"Todas as vezes que ouvires o bater do relógio, às três horas da tarde, deves mergulhar toda na Minha misericórdia, adorando-A e glorificando-A." (Diário, 1572)

A humildade começa sempre no nosso coração

A humildade entende as limitações individuais.

Os seres humanos, por definição, são finitos e, portanto, limitados no entendimento. Nossos talentos são diferentes, nossas mentes são diferentes e nossas experiências variam de um para o outro. Individualmente, nós compreendemos apenas uma pequena fração do mundo. Mas, juntos, chegamos a uma visão muito mais grandiosa do universo. Pessoas humildes percebem que a sua compreensão é limitada e abraçam-na. Como resultado, sabiamente procuram respostas fora de si mesmos.

A humildade aprecia os outros.

Toda vida humana carrega valor inerente. Nossas almas não detêm mais valor ou importância do que a pessoa sentada ao lado de nós, não importa em que pode estar sentada. Uma pessoa humilde aprecia o fato de que o mundo não gira em torno dele ou dela e aceita a sua posição como mero pedaço de um quebra-cabeça gigante.

misericórdia

DIA 174 com a DIVINA MISERICÓRDIA   23 de junho

Jesus a Santa Faustina
"Nessa hora (...) entra, ao menos por um momento, na capela e adora o Meu Coração, que está cheio de misericórdia no Santíssimo Sacramento." (Diário, 1572)

A humildade começa sempre no nosso coração

1. **A humildade respeita os outros e as suas opiniões.** Só porque uma opinião é diferente, não significa que ela está errada. Eu só estou dizendo que não é errado apenas porque é diferente... Esse é um lugar muito melhor para começar o diálogo.

2. **A humildade escuta mais.** E fala menos. Ela gasta mais tempo na compreensão... e menos tempo para ser compreendida.

3. **A humildade ajuda e promove outros.** A alegria não é encontrada em estar certo e chegar no topo, mas em ajudar os outros a crescer e ter sucesso. A humildade percebe que, nesses casos, há muito a ganhar.

HUMILDADE

DIA 175 com a DIVINA MISERICÓRDIA — *24 de junho*

Jesus a Santa Faustina
"Alegro-Me por pedirem muito, porque o Meu desejo é dar muito, muito mesmo." (Diário, 1578)

Ore:

JESUS, MANSO E HUMILDE DE CORAÇÃO, FAZEI O NOSSO CORAÇÃO SEMELHANTE AO VOSSO

Do desejo de ser estimado, livrai-me.
Do desejo de ser amado, livrai-me.
Do desejo de ser exaltado, livrai-me.
Do desejo de ser honrado, livrai-me.
Do desejo de ser elogiado, livrai-me.
Do desejo de ser preferido, livrai-me.
Do desejo de ser consultado, livrai-me.
Do desejo de ser aprovado, livrai-me.
Do medo de ser humilhado, livrai-me.
Do medo de ser desprezado, livrai-me.
Do medo de ser repreendido, livrai-me.
Do medo de ser caluniado, livrai-me.
Do medo de ser esquecido, livrai-me.
Do medo de ser ridicularizado, livrai-me.
Do medo de ser prejudicado, livrai-me.
Do medo de ser desconfiado, livrai-me.

Jesus, eu confio em Vós!

DIA 176 com a DIVINA MISERICÓRDIA — 25 de junho

Jesus a Santa Faustina
"Os grandes pecados do mundo ferem o Meu Coração como que superficialmente, mas os pecados da alma eleita transpassam mais e mais o Meu Coração..." (Diário, 1702)

DIA 177 com a DIVINA MISERICÓRDIA — 26 de junho

Santa Faustina a Jesus
"Ó meu Jesus, dai-me força para suportar os sofrimentos, para que a minha boca não sinta contrariedade em beber o cálice da amargura. Ajudai-me Vós mesmo, para que o meu sacrifício Vos seja agradável; que não seja contaminado pelo meu amor-próprio (...)." (Diário, 1740)

FELIZES OS MANSOS, PORQUE RECEBERÃO A TERRA EM HERANÇA.
(MATEUS 5, 5)

DIA 178 com a DIVINA MISERICÓRDIA — **27 de junho**

Santa Faustina a Jesus
"Brotaram do Vosso Coração torrentes de Sangue e de Água, aí está a fonte viva da Vossa misericórdia, daí as almas recebem consolo e alívio." (Diário, 1748)

OS PAPAS E A MISERICÓRDIA I PAPA BENTO XVI*

De fato, só é possível ser cristão com o olhar dirigido para a Cruz do nosso Redentor, "Àquele a quem trespassaram". A ferida do lado e as dos pregos foram para numerosas almas os sinais de um amor que informou cada vez mais a vida deles... É necessário entre outras coisas realçar que um verdadeiro conhecimento do amor de Deus só é possível no contexto de uma atitude de oração humilde e de generosa disponibilidade. Partindo desta atitude interior, o olhar fixo no lado trespassado pela lança transforma-se em adoração silenciosa. O olhar no lado trespassado do Senhor, do qual jorram "sangue e água", ajuda-nos a reconhecer a multidão dos dons de graça que dele provêm e abre-nos a todas as outras formas de devoção cristã que estão incluídas no culto ao Coração de Jesus.

*Carta ao prepósito-geral da Companhia de Jesus por Ocasião do 50º Aniversário da Encíclica Haurietis Aquas, 15 de maio de 2006

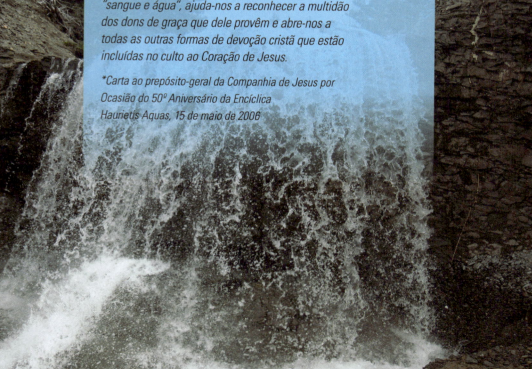

DIA 179 com a DIVINA MISERICÓRDIA — 28 de junho

Jesus a Santa Faustina
"Queimam-Me as chamas da misericórdia, quero derramá-las sobre as almas (...)."
(Diário, 177)

NECESSÁRIO VOS É NASCER DE NOVO

Paulo, antes de sua conversão, não era manso. Ele prendia todos os cristãos e tentava destruí-los; era intolerante, egoísta e vaidoso. Mas quando escreveu sua carta afetuosa às igrejas da Galácia, declarou, entre outras coisas, que "o fruto do Espírito é (...) benignidade, bondade, (...) mansidão". Sua mansidão era algo dado por Deus, e não humano. Não é muito do nosso temperamento sermos mansos. Pelo contrário, é da nossa natureza tender muitas vezes ao orgulho. É por isso que um novo nascimento se faz tão essencial para cada um de nós. É por isso que Jesus diz não somente a Nicodemos, mas para todos: "Necessário vos é nascer de novo." A mansidão começa lá! Precisamos ter uma mudança de natureza.

DIA 180 com a DIVINA MISERICÓRDIA — **29 de junho**

Santa Faustina a Jesus
"Procurarei estar sempre atenta ao que possa alegrar o Vosso Coração!" (Diário, 385)

SÃO JOÃO PAULO II, O PAPA DA MISERICÓRDIA*

O Concílio Vaticano II, ao recordar-nos que Cristo, Verbo encarnado, nos "amou com um coração humano", assegura-nos que "sua mensagem, longe de diminuir o homem, difunde a luz, a vida e a liberdade para o progresso humano e, fora dele, nada pode preencher o coração do homem" (cf. Gaudium et spes, 21). Junto ao Coração de Cristo, o coração do homem aprende a conhecer o sentido verdadeiro e único da sua vida e do seu destino, a compreender o valor de uma vida autenticamente cristã, a evitar certas perversões do coração humano, a unir o amor filial para Deus com o amor ao próximo. Assim – e esta é a verdadeira reparação pedida pelo Coração do Salvador – sobre as ruinas acumuladas pelo ódio e a violência, se poderá construir a tão desejada civilização do amor, o reino do Coração de Cristo.

*Carta ao Superior da Companhia de Jesus / Paray-le-Monial, 5 de outubro de 1986

DIA 181 com a DIVINA MISERICÓRDIA — **30 de junho**

Reflexão de Santa Faustina
"Deus escolhe principalmente as almas mais fracas e mais simples como instrumentos para realizar Suas maiores obras (...)." (Diário, 464)

Que Jesus continue a trabalhar em nós...

7 julho

Uma pergunta por mês para vermos o quanto Deus faz novas todas as coisas em nossas vidas ao longo dos anos

VOCÊ ESTÁ CONTENTE COM AS DECISÕES QUE TOMOU NESTE MÊS DE JULHO?

Ano de 20....

Ano de 20....

Ano de 20....

Ano de 20....

DIA 182 com a DIVINA MISERICÓRDIA — 1º de julho

Santa Faustina a Jesus
"Com a confiança e a simplicidade de uma criança entrego-me hoje a Vós, Senhor Jesus e meu Mestre."
(Diário, 228)

O AMOR DE DEUS É A FLOR
E A MISERICÓRDIA, O FRUTO

LOUVORES À DIVINA MISERICÓRDIA

Misericórdia Divina, que brota do seio do Pai, eu confio em Vós.
Misericórdia Divina, atributo máximo de Deus, eu confio em Vós.
Misericórdia Divina, mistério inefável, eu confio em Vós.
Misericórdia Divina, fonte que brota do mistério
da Santíssima Trindade, eu confio em Vós.
Misericórdia Divina, que nenhuma mente, nem humana
nem angélica, pode perscrutar, eu confio em Vós.

"Ó Deus eterno, em quem a misericórdia é insondável e o tesouro da compaixão é inesgotável, olhai propício para nós e multiplicai em nós a Vossa misericórdia, para que não desesperemos nos momentos difíceis, nem esmoreçamos, mas nos submetamos com grande confiança à Vossa santa vontade, que é Amor e a própria Misericórdia."
(Diário, 949)

DIA 183 com a DIVINA MISERICÓRDIA — *2 de julho*

Santa Faustina a Jesus
"Deixo-Vos inteira liberdade na direção de minha alma. Guiai-me pelos caminhos que escolherdes (...)."
(Diário, 228)

O AMOR DE DEUS É A FLOR
E A MISERICÓRDIA, O FRUTO

LOUVORES À DIVINA MISERICÓRDIA II

Misericórdia Divina, da qual provém toda a vida
e felicidade, eu confio em Vós.
Misericórdia Divina, mais sublime
do que os Céus, eu confio em Vós.
Misericórdia Divina, fonte de milagres
e prodígios, eu confio em Vós.
Misericórdia Divina, que envolve o universo todo, eu confio em Vós.
Misericórdia Divina, que desce ao mundo na
Pessoa do Verbo Encarnado, eu confio em Vós.

"Ó Deus eterno, em quem a misericórdia é insondável e o tesouro da compaixão é inesgotável, olhai propício para nós e multiplicai em nós a Vossa misericórdia, para que não desesperemos nos momentos difíceis, nem esmoreçamos, mas nos submetamos com grande confiança à Vossa santa vontade, que é Amor e a própria Misericórdia."
(Diário, 949)

DIA 184 com a DIVINA MISERICÓRDIA — *3 de julho*

Santa Faustina a Jesus
"Mestre, eu virei confiante atrás de ti. O Teu Coração misericordioso pode tudo." (Diário, 228)

O AMOR DE DEUS É A FLOR
E A MISERICÓRDIA, O FRUTO
LOUVORES À DIVINA MISERICÓRDIA III

Misericórdia Divina, que brotou da chaga aberta
do Coração de Jesus, eu confio em Vós.
Misericórdia Divina, encerrada no Coração de Jesus
para nós, sobretudo para os pecadores, eu confio em Vós.
Misericórdia Divina, imperscrutável na instituição
da Eucaristia, eu confio em Vós.
Misericórdia Divina, na instituição da Santa Igreja,
eu confio em Vós.
Misericórdia Divina, no sacramento do Santo Batismo,
eu confio em Vós.

"Ó Deus eterno, em quem a misericórdia é insondável e o tesouro da compaixão é inesgotável, olhai propício para nós e multiplicai em nós a Vossa misericórdia, para que não desesperemos nos momentos difíceis, nem esmoreçamos, mas nos submetamos com grande confiança à Vossa santa vontade, que é Amor e a própria Misericórdia."
(Diário, 949)

DIA 185 com a DIVINA MISERICÓRDIA **4 de julho**

Santa Faustina a Jesus
"Com a mais profunda gratidão lanço-me a Vossos pés, como uma pequenina e desconhecida flor (...)." (Diário, 240)

O AMOR DE DEUS É A FLOR
E A MISERICÓRDIA, O FRUTO

LOUVORES À DIVINA MISERICÓRDIA IV

*Misericórdia Divina, na nossa justificação
por Jesus Cristo, eu confio em Vós.
Misericórdia Divina, que nos acompanha
por toda a vida, eu confio em Vós.
Misericórdia Divina, que nos envolve de modo
particular na hora da morte, eu confio em Vós.
Misericórdia Divina, que nos concede a
vida imortal, eu confio em Vós.
Misericórdia Divina, que nos acompanha em
todos os momentos da vida, eu confio em Vós.*

"Ó Deus eterno, em quem a misericórdia é insondável e o tesouro da compaixão é inesgotável, olhai propício para nós e multiplicai em nós a Vossa misericórdia, para que não desesperemos nos momentos difíceis, nem esmoreçamos, mas nos submetamos com grande confiança à Vossa santa vontade, que é Amor e a própria Misericórdia."
(Diário, 949)

DIA 186 com a DIVINA MISERICÓRDIA · 5 de julho

Reflexão de Santa Faustina
"Por toda humilhação agradecerei a Nosso Senhor, rezarei particularmente pela pessoa que me der a possibilidade de ser humilhada." (Diário, 243)

O AMOR DE DEUS É A FLOR
E A MISERICÓRDIA, O FRUTO
LOUVORES À DIVINA MISERICÓRDIA V

*Misericórdia Divina, que nos defende do
fogo do Inferno, eu confio em Vós.
Misericórdia Divina, na conversão dos pecadores
endurecidos, eu confio em Vós.
Misericórdia Divina, enlevo para os anjos, inefável
para os sSantos, eu confio em Vós.
Misericórdia Divina, insondável em todos os
mistérios divinos, eu confio em Vós.
Misericórdia Divina, que nos eleva de
toda miséria, eu confio em Vós.*

"Ó Deus eterno, em quem a misericórdia é insondável e o tesouro da compaixão é inesgotável, olhai propício para nós e multiplicai em nós a Vossa misericórdia, para que não desesperemos nos momentos difíceis, nem esmoreçamos, mas nos submetamos com grande confiança à Vossa santa vontade, que é Amor e a própria Misericórdia." (Diário, 949)

DIA 187 com a DIVINA MISERICÓRDIA — 6 de julho

Reflexão de Santa Faustina

"Esconderei aos olhos dos homens tudo o que fizer de bom, para que só Deus seja a minha recompensa." (Diário, 255)

O AMOR DE DEUS É A FLOR
E A MISERICÓRDIA, O FRUTO

LOUVORES À DIVINA MISERICÓRDIA VI

*Misericórdia Divina, fonte de nossa felicidade e alegria,
eu confio em Vós.
Misericórdia Divina, que do nada nos chama para
a existência, eu confio em Vós.
Misericórdia Divina, que abrange todas as obras
das Suas mãos, eu confio em Vós.
Misericórdia Divina, que coroa tudo o que existe
e que existirá, eu confio em Vós.
Misericórdia Divina, na qual todos somos imersos,
eu confio em Vós.*

"Ó Deus eterno, em quem a misericórdia é insondável e o tesouro da compaixão é inesgotável, olhai propício para nós e multiplicai em nós a Vossa misericórdia, para que não desesperemos nos momentos difíceis, nem esmoreçamos, mas nos submetamos com grande confiança à Vossa santa vontade, que é Amor e a própria Misericórdia." (Diário, 949)

DIA 188 com a DIVINA MISERICÓRDIA — **7 de julho**

Reflexão de Santa Faustina
"Nos sofrimentos, comportar-me com paciência e calma, sabendo que com o tempo tudo passará." (Diário, 253)

O AMOR DE DEUS É A FLOR E A MISERICÓRDIA, O FRUTO

LOUVORES À DIVINA MISERICÓRDIA VII

Misericórdia Divina, doce consolo para os corações atormentados, eu confio em Vós.
Misericórdia Divina, única esperança dos desesperados, eu confio em Vós.
Misericórdia Divina, repouso dos corações, paz em meio ao terror, eu confio em Vós.
Misericórdia Divina, delícia e êxtase dos Santos, eu confio em Vós.
Misericórdia Divina, que desperta a confiança onde não há esperança, eu confio em Vós.

"Ó Deus eterno, em quem a misericórdia é insondável e o tesouro da compaixão é inesgotável, olhai propício para nós e multiplicai em nós a Vossa misericórdia, para que não desesperemos nos momentos difíceis, nem esmoreçamos, mas nos submetamos com grande confiança à Vossa santa vontade, que é Amor e a própria Misericórdia." (Diário, 949)

DIA 189 com a DIVINA MISERICÓRDIA — 8 de julho

Jesus a Santa Faustina
"Não chores: Eu estou sempre contigo." (Diário, 259)

DIA 190 com a DIVINA MISERICÓRDIA — 9 de julho

A mensagem da Divina Misericórdia em 3 passos

#1° passo – PEÇA SUA MISERICÓRDIA. Deus quer que nos aproximemos dele em oração constante, arrependendo-nos de nossos pecados e pedindo-Lhe para derramar Sua misericórdia sobre nós e sobre o mundo inteiro.

#2° passo – SEJA MISERICORDIOSO. Deus quer que recebamos a Sua misericórdia e a deixemos fluir através de nós para os outros.
Ele quer estender, atraves de nós, Seu amor e perdão aos outros, como Ele nos faz.

#3° passo – CONFIE EM JESUS. Deus quer que saibamos que as graças da sua misericórdia dependem de nossa confiança. Quanto mais nós confiarmos em Jesus, mais receberemos.

A MENSAGEM DA DIVINA MISERICÓRDIA É SIMPLES

Deus nos ama – ama a todos nós. E Ele quer que a gente reconheça e experimente que a Sua misericórdia é maior do que os nossos pecados, para que recorramos a Ele com confiança, recebendo a Sua misericórdia e deixando-a fluir através de nós para os outros. Assim, todos virão para compartilhar da Sua alegria.

DIA 191 com a DIVINA MISERICÓRDIA — *10 de julho*

Reflexão de Santa Faustina
"Sem humildade, não podemos agradar a Deus."
(Diário, 270)

#ObrasdeMisericórdiaEspirituais

As obras de misericórdia são ações de caridade pelas quais socorremos o nosso próximo em suas necessidades espirituais e corporais.

Orar a Deus por vivos e mortos

A oração é uma das formas mais poderosas para apoiarmos uns aos outros. Unindo-se em oração pelos vivos e mortos, nos confiamos aos cuidados de Deus.

5 DICAS PARA "MISERICORDIAR"

1. Solicitar uma intenção de Missa para um amigo ou membro da família que está passando por um momento difícil.

2. Solicitar uma intenção de Missa para um amigo ou membro da família que já faleceu.

3. Manter o seu próprio livro de intenções de oração, anotando os nomes daqueles por quem está rezando.

4. Perguntar a um amigo ou membro da família se há alguma prece pela qual você possa orar.

5. Através da oração, confiar a Deus aqueles que estão ao seu redor.

DIA 192 com a DIVINA MISERICÓRDIA   11 de julho

Santa Faustina a Jesus

"Jesus, peço-Vos de todo o coração, dai-me a conhecer o que não Vos agrada em mim, e ao mesmo tempo dai-me a conhecer o que devo fazer para me tornar mais agradável a Vós." (Diário, 273)

Catecismo da Igreja Católica

Estamos em oração quando o nosso coração se dirige a Deus. Quando uma pessoa ora, entra numa relação viva com Deus. A oração é a porta para a fé. Quem ora deixa de viver de si, para si e a partir da própria força. Ele sabe que há um Deus com quem pode falar. Uma pessoa que ora entrega-se cada vez mais a Deus. Ela procura desde já a união com Aquele com quem, cara a cara, se encontrará um dia. Por isso, pertence à vida cristã o esforço pela oração diária. Porém, não se aprende a orar como se aprende uma técnica. Embora isso soe estranho, orar é um dom que se obtém na oração. (YouCat, 469)

#ObrasdeMisericórdiaEspirituais
Orar a Deus por vivos e mortos

DIA 193 com a DIVINA MISERICÓRDIA — 12 de julho

Reflexão de Santa Faustina
"A partir do momento em que cheguei a amar o sofrimento, ele deixou de ser padecimento para mim."
(Diário, 276)

SALMO DE MISERICÓRDIA
SALMO 92, 1-6

É belo louvar o Senhor e cantar teu nome, ó Altíssimo, anunciar de manhã o teu amor, e tua fidelidade durante a noite, na harpa de dez cordas e na lira, com cânticos na cítara. Porque me alegras, Senhor, com tuas maravilhas, exulto com as obras de tuas mãos. Como são grandes tuas obras, Senhor, quão profundos os teus pensamentos!

Jesus a Santa Faustina:
"Exalto os humildes até o Meu trono." (Diário, 282)

DIA 194 com a DIVINA MISERICÓRDIA — 13 de julho

SALMO DE MISERICÓRDIA
SALMO 92, 7-16

O insensato não compreende isto, o imbecil não entende. Se os pecadores brotam como erva e florescem todos os malfeitores, aguarda-os uma ruína eterna. Mas tu és excelso para sempre, ó Senhor. Porque teus inimigos, Senhor, teus inimigos perecerão, serão dispersos todos os malfeitores. Tu me dás a força de um búfalo, me unges com óleo fresco. Meus olhos desprezaram meus inimigos, meus ouvidos ouviram falar dos malfeitores que me desejavam o mal. O justo crescerá como a palmeira, como o cedro do Líbano se elevará; plantados na casa do Senhor, crescerão nos átrios do nosso Deus. Mesmo na velhice darão frutos, serão cheios de seiva e verdejantes, para anunciar quão reto é o Senhor: meu rochedo, nele não há injustiça.

DIA 195 com a DIVINA MISERICÓRDIA — 14 de julho

Santa Faustina a Jesus
"Jesus, luz suprema, permiti que Vos conheça." (Diário, 297)

Jesus, eu confio em Vós!

DIA 196 com a DIVINA MISERICÓRDIA — 15 de julho

Santa Faustina a Jesus
"Ó Meu Jesus, vida, caminho e verdade, peço-Vos, segurai-me perto de Vós como uma Mãe segura seu filhinho." (Diário, 298)

Dias para alcançar a graça da confiança em Deus

Bem-aventurados são aqueles que depositam sua confiança no Senhor

"Não compreendo como é possível não confiar n'Aquele que tudo pode. Com Ele tudo, e sem Ele – nada. Ele é o Senhor e não permitirá, nem consentirá, que sejam confundidos aqueles que puseram n'Ele toda a sua confiança." (Diário, 358)

DIA 197 com a DIVINA MISERICÓRDIA — *16 de julho*

Jesus a Santa Faustina
"A Humanidade não encontrará paz enquanto não se voltar, com confiança, para a Minha misericórdia." (Diário, 300)

Dias para alcançar a graça da confiança em Deus

Confiança em resposta ao conhecimento do mistério da Divina Misericórdia

"Sei que até as almas escolhidas e avançadas na vida religiosa ou espiritual não têm a coragem de confiar plenamente em Deus. E isso acontece porque poucas almas conhecem a insondável misericórdia de Deus, a Sua grande bondade." (Diário, 731)

DIA 198 com a DIVINA MISERICÓRDIA — *17 de julho*

Reflexão de Santa Faustina
"Quando sofremos muito, temos uma grande oportunidade de demonstrar a Deus que O amamos (...)." (Diário, 303)

Dias para alcançar a graça da confiança em Deus

A fé
"Peço ardentemente ao Senhor que se digne fortalecer a minha fé, para que, na vida cotidiana e monótona, eu não me deixe levar pelas disposições humanas, mas pelo espírito. Oh! Como tudo atrai o homem para a terra! Mas a fé viva mantém a alma em esferas mais elevadas." (Diário, 210)

DIA 199 com a DIVINA MISERICÓRDIA — 18 de julho

Jesus a Santa Faustina

"A oração da alma humilde e amante desarma a ira de Meu Pai e alcança um mar de bênçãos." (Diário, 320)

Dias para alcançar a graça da confiança em Deus

A esperança

"Despertou-se em minha alma tamanha confiança na misericórdia de Deus que, ainda que tivesse sobre a minha consciência os pecados do Mundo inteiro e os pecados de todas as almas condenadas, não duvidaria da bondade de Deus, que está sempre aberta para nós. E, com o coração reduzido a pó, me lançaria a Seus pés, submetendo-me inteiramente à Sua santa vontade, que é a própria Misericórdia." (Diário, 1552)

DIA 200 com a DIVINA MISERICÓRDIA — 19 de julho

Jesus a Santa Faustina

"Minha filha, exijo de ti oração, oração e mais uma vez oração (...)." (Diário, 325)

Dias para alcançar a graça da confiança em Deus

O amor

"Amor, amor, e mais uma vez amor a Deus! Superior a isso nada há nem no Céu, nem na terra. O mais sublime é o amor a Deus, e a autêntica grandeza está em amá-Lo. Também a verdadeira sabedoria consiste nesse amor a Deus. Tudo o que é nobre e belo está em Deus, fora de Deus não existe beleza nem grandeza." (Diário, 990)

DIA 201 com a DIVINA MISERICÓRDIA — 20 de julho

Reflexão de Santa Faustina
"A partir de hoje cumprirei a vontade de Deus, em toda a parte, sempre e em tudo." (Diário, 372)

DIA 202 com a DIVINA MISERICÓRDIA — 21 de julho

Santa Faustina a Jesus
"Jesus Misericordioso, peço-Vos ardentemente, dai luzes à minha inteligência para que eu possa melhor conhecer a Vós (...)." (Diário, 376)

DIA 203 com a DIVINA MISERICÓRDIA — 22 de julho

Jesus a Santa Faustina
"As almas que recorrerem à Minha misericórdia e aquelas que glorificarem e anunciarem aos outros a Minha grande misericórdia, na hora da morte eu as tratarei de acordo com a Minha infinita misericórdia." (Diário, 379)

DIA 204 com a DIVINA MISERICÓRDIA — *23 de julho*

Santa Faustina a Jesus

"Procurarei estar sempre atenta ao que possa alegrar o Vosso Coração!" (Diário, 385)

#OBRASDEMISERICÓRDIACORPORAIS

As obras de misericórdia são ações de caridade pelas quais socorremos o nosso próximo em suas necessidades espirituais e corporais.

Dar de comer a quem tem fome

Existem muitas pessoas neste mundo que estão sem alimentos, enquanto tantos desperdiçam comida, jogando-a no lixo. O domínio de seus próprios hábitos alimentares pode beneficiar outras pessoas que não têm os mesmos recursos.

"Misericordiar"

1. Pesquisar, identificar e contribuir financeiramente com organizações que servem os famintos.

2. Na próxima vez em que você fizer uma receita, faça-a em dobro e doe o excedente a uma família necessitada.

3. Tente não comprar mais comida do que você é capaz de comer. Se perceber que você acaba jogando mantimentos fora a cada semana, na hora de comprá-los elimine o desperdício e permita que as economias sejam doadas aos necessitados.

DIA 205 com a DIVINA MISERICÓRDIA — 24 de julho

Reflexão de Santa Faustina
"A alma treme diante da menor ofensa a Deus, mas isso não a perturba nem ofusca sua felicidade. Onde o amor é o guia, aí está tudo bem." (Diário, 732)

Dar de comer a quem tem fome
Se entregares ao faminto o que mais gostarias de comer, matando a fome de um humilhado, então a tua luz brilhará nas trevas, o teu escuro será igual ao meio-dia. (Is 58, 10)

#ObrasdeMisericórdiaCorporais

DIA 206 com a DIVINA MISERICÓRDIA — 25 de julho

Reflexão de Santa Faustina
"A razão, a vontade, o coração – temos que exercitar essas três faculdades durante a oração." (Diário, 392)

PLANOS DE MISERICÓRDIA
Dica do Papa Francisco para viver a misericórdia
A Misericórdia de Deus nas Escrituras

"Quantas páginas da Sagrada Escritura se podem meditar para redescobrir o rosto misericordioso do Pai!"

(Misericordiae vultus, 17)

DIA 207 com a DIVINA MISERICÓRDIA — 26 de julho

Reflexão de Santa Faustina
"Vi o Nosso Senhor brilhando como o sol, vestido de branco, e Ele me disse: 'Alegre-se o teu coração.'" (Diário, 415)

PLANOS DE MISERICÓRDIA
Dica do Papa Francisco para viver a misericórdia
Receber Misericórdia de Deus na Confissão
"Com convicção, ponhamos novamente no centro o sacramento da Reconciliação, porque permite tocar sensivelmente a grandeza da misericórdia. Será, para cada penitente, fonte de verdadeira paz interior." *(Misericordiae vultus, 17)*

DIA 208 com a DIVINA MISERICÓRDIA — 27 de julho

Reflexão de Santa Faustina
"Por tudo, a minha alma louva ao Senhor e glorifica a Sua misericórdia, porque Sua bondade não tem fim." (Diário, 423)

PLANOS DE MISERICÓRDIA
Dica do Papa Francisco para viver a misericórdia
Refletir sobre as obras de misericórdia espirituais e corporais
"É meu vivo desejo que o povo cristão reflita sobre as obras de misericórdia corporal e espiritual. Será uma maneira de acordar a nossa consciência, muitas vezes adormecida perante o drama da pobreza, e de entrar cada vez mais no coração do Evangelho, onde os pobres são os privilegiados da misericórdia divina."
(Misericordiae vultus, 15)

DIA 209 com a DIVINA MISERICÓRDIA — 28 de julho

Reflexão de Santa Faustina
"Tudo passará, mas a Sua misericórdia não terá limites nem fim." (Diário, 423)

PLANOS DE MISERICÓRDIA
Dica do Papa Francisco para viver a misericórdia
Redescobrir o silêncio
"Portanto, para ser capazes de misericórdia, devemos primeiro pôr-nos à escuta da Palavra de Deus. Isso significa recuperar o valor do silêncio, para meditar a Palavra que nos é dirigida. Deste modo, é possível contemplar a misericórdia de Deus e assumi-la como próprio estilo de vida."
(Misericordiae vultus, 13)

DIA 210 com a DIVINA MISERICÓRDIA — 29 de julho

Reflexão de Santa Faustina
"A verdadeira grandeza está no amor a Deus e na humildade." (Diário, 424)

PLANOS DE MISERICÓRDIA
Dica do Papa Francisco para viver a misericórdia
Ir/avançar/chegar nos irmãos afastados:
"No nosso tempo, em que a Igreja está comprometida na nova evangelização, o tema da misericórdia exige ser reproposto com novo entusiasmo e uma ação pastoral renovada. A sua linguagem e os seus gestos, para penetrarem no coração das pessoas e desafiá-las a encontrar novamente a estrada para regressar ao Pai, devem irradiar misericórdia." *(Misericordiae vultus, 12)*

DIA 211 com a DIVINA MISERICÓRDIA — 30 de julho

Reflexão de Santa Faustina
"Que toda alma conheça como é bom o Senhor." (Diário, 440)

DIA 212 com a DIVINA MISERICÓRDIA — 31 de julho

Jesus a Santa Faustina
"Não são grandes prédios e magníficas instalações que Me dão satisfação, mas um coração puro e humilde." (Diário, 532)

"Falai e procedei, pois, como pessoas que vão ser julgadas pela Lei da liberdade. Pensai bem: o julgamento será sem misericórdia para quem não praticou misericórdia; a misericórdia, porém, triunfa sobre o julgamento."
Tiago 2, 12-13

Como se sente recebendo esta misericórdia?

8 agosto

Uma pergunta por mês para vermos o quanto Deus faz novas todas as coisas em nossas vidas ao longo dos anos

QUAL É O PASSO DE CONFIANÇA EM DEUS QUE VOCÊ PRECISA DAR EM AGOSTO?

Ano de 20....

Ano de 20....

Ano de 20....

Ano de 20....

DIA 213 com a DIVINA MISERICÓRDIA — 1º de agosto

Reflexão de Santa Faustina
"Jesus não deixa na incerteza a alma que O ama sinceramente." (Diário, 461)

#PAPAFRANCISCO

Como gostaria que todos os batizados... pudessem experimentar a alegria de pertencer à Igreja! E pudessem redescobrir que a vocação cristã, bem como as vocações particulares, nascem no meio do povo de Deus e são dons da misericórdia divina! A Igreja é a casa da misericórdia e também a terra onde a vocação germina, cresce e dá fruto.

Mensagem para o 53º Dia Mundial de Oração pelas Vocações, 17 de abril de 2016

DIA 214 com a DIVINA MISERICÓRDIA — 2 de agosto

Jesus a Santa Faustina
"A alma que mais Me agrada é aquela que crê firmemente na Minha bondade e tem plena confiança em Mim; concedo-lhe a Minha confiança e dou-lhe tudo que me pede." (Diário, 4543)

DIA 215 com a DIVINA MISERICÓRDIA — **3 de agosto**

Reflexão de Santa Faustina

"O inimigo é que deve ter medo de nós, e não nós do inimigo. O demônio vence apenas os orgulhosos e medrosos, porque os humildes são fortes." (Diário, 450)

Deus sempre chama para algo melhor!

O Senhor veio, pôs-se junto dele e chamou-o como das outras vezes: "Samuel! Samuel!" E ele respondeu: "Fala, que teu servo escuta." (1 Samuel 3, 10)

O chamado que Deus tem para nós é sempre para algo melhor! Deus nos chama para as alegrias e realidades da vida eterna. Ele nos chama para andarmos com Ele na pureza de vida e espírito. Ele nos chama para uma vida de serviço que dá a glória a Ele mesmo como Deus. Ele nos chama à comunhão mais doce possível nesta terra, a comunhão da família de Deus.

ORAÇÃO

Senhor, ajuda-me a sempre lembrar que não há nada melhor para mim do que estar no lugar onde eu possa fazer exatamente o que é da Tua vontade. Amém.

DIA 216 com a DIVINA MISERICÓRDIA — **4 de agosto**

Reflexão de Santa Faustina
"Oh! como é doce fatigar-se por Deus e pelas almas." (Diário, 450)

REZANDO COM SÃO JOÃO PAULO II, PAPA DA MISERICÓRDIA*

Pai bondoso,
em Cristo, Teu Filho,
Tu nos revelas o Teu amor,
abraças-nos como filhos Teus
e nos ofereces a possibilidade de descobrir,
na Tua vontade, os traços
da nossa verdadeira fisionomia.

Pai santo,
Tu nos chamas a ser santos
como Tu és santo.
Nós Te pedimos que nunca deixes faltar
à Tua Igreja ministros e apóstolos santos
que, com a palavra e os sacramentos,
abram o caminho para o encontro contigo.

Pai misericordioso,
concede à humanidade transviada
homens e mulheres que,
com o testemunho de uma vida transfigurada
à imagem do Teu Filho,
caminhem alegremente
com todos os outros irmãos e irmãs,
rumo à pátria celeste.

Pai nosso,
com a voz do Teu Santo Espírito,
e confiando na materna intercessão de Maria,
nós Te invocamos ardentemente:
manda à Tua Igreja sacerdotes
que sejam testemunhas corajosas
da Tua infinita bondade.
Amém!

*Mensagem para o 36º Dia Mundial de Oração pelas Vocações, 25 de abril de 1999

DIA 217 com a DIVINA MISERICÓRDIA — 5 de agosto

Jesus a Santa Faustina

"Estás vendo essas almas que são semelhantes a Mim em sofrimentos e desprezo? Elas serão também semelhantes a Mim na glória (...)."
(Diário, 446)

Fala que teu servo escuta

Ouvi, então, a voz do SENHOR que dizia: "A quem enviarei? Quem irá por nós?" Respondi: "Aqui estou! Envia-me." (Isaías 6, 8)

Deus nos salvou e nos chamou com uma vocação santa, não em atenção às nossas obras, mas por causa do seu plano salvífico e da sua graça, que nos foi dada no Cristo Jesus antes de todos os tempos. (2 Timóteo 1, 9)

DIA 218 com a DIVINA MISERICÓRDIA — 6 de agosto

Santa Faustina a Jesus

"Com a confiança de uma criança jogo-me nos Vossos braços, Pai de misericórdia (...)." (Diário, 505)

Qual é a minha vocação? Sou chamado para...? Sou um dos poucos escolhidos? São todos escolhidos? Eu quero melhorar o mundo? Como vou fazer isso? O que vou fazer? Será que vou ter sucesso? Será que eu errei? Eu sou o único?

Estas são as *perguntas/pensamentos/medos* **que inundam mente e coração à simples menção do "chamado".**

DIA 219 com a DIVINA MISERICÓRDIA **7 de agosto**

Reflexão de Santa Faustina
"Jesus deseja que a alma que com Ele convive estreitamente esteja repleta de paz, apesar dos sofrimentos e das adversidades." (Diário, 461)

7 PERGUNTAS PARA ESCUTAR O CHAMADO DE DEUS

1. *Eu desejo saber e fazer a vontade de Deus?*
2. *Eu quero viver uma vida alinhada à vontade de Deus para mim, independentemente de onde esse compromisso vai me levar?*
3. *Eu vou confiar a Deus o meu futuro?*
4. *O que tenho de deixar e o que devo assumir a fim de ir para a frente com Deus, sem temores sobre em que direção serei conduzido e o que está reservado para mim?*
5. *Qual a cura de que eu preciso para viver em união de fé e amor com Deus?*
6. *Quais são as possíveis direções a que eu sou solicitado para assumir o chamado de Deus?*
7. *Quais são os meus dons e talentos?*

DIA 220 com a DIVINA MISERICÓRDIA — 8 de agosto

Reflexão de Santa Faustina

"O que mais une a alma a Deus é a renúncia de si mesma, ou seja, a conformidade da nossa vontade com a vontade de Deus." (Diário, 462)

ORANDO AO PAI DAS MISERICÓRDIAS

Pai das Misericórdias,
Tu me colocaste na Igreja
que o Teu Filho comprou com Seu próprio sangue.
Concede-me, de graça em graça, a força para eu viver
dignamente a minha vocação.
Eu sou um viajante que está do outro lado do oceano da vida;
que, seguro em Tua arca, eu possa passar através
deste mundo conturbado
até o porto de descanso eterno.
Eu sou uma árvore da vinha que Tu plantaste.
Concede-me não ser estéril,
com inúteis folhas e uvas selvagens;
poda-me os ramos inúteis;
rega-me com o orvalho de bênção.
Amém!

DIA 221 com a DIVINA MISERICÓRDIA — 9 de agosto

Reflexão de Santa Faustina

"É [a renúncia de si mesma] que torna a alma verdadeiramente livre e possibilita um profundo recolhimento do espírito, torna leves todas as dificuldades da vida, e suave a morte." (Diário, 462)

NINGUÉM PODE SER EXCLUÍDO DA MISERICÓRDIA DE DEUS. A IGREJA É A CASA QUE ACOLHE TODOS E NÃO REJEITA NINGUÉM.

DIA 222 com a DIVINA MISERICÓRDIA — *10 de agosto*

Reflexão de Santa Faustina
"A alma silenciosa é forte; nenhuma adversidade a prejudicará, se perseverar no silêncio." (Diário, 477)

CATECISMO DA IGREJA

Cada cristão tem a missão de testemunhar o Evangelho com a própria vida. Mas Deus percorre, com cada pessoa, um caminho próprio. A uns envia como leigos para construírem o Reino de Deus no meio do mundo, numa família e com uma profissão; para isso, concede-lhes no Batismo e na Confirmação, todos os dons do Espírito Santo necessários. A outros encarrega com o ministério pastoral, para guiar, ensinar e santificar o Seu Povo; ninguém pode reclamar a si esta missão, pois é o próprio Senhor que os envia e dá, mediante o sacramento da Ordem, a Sua força divina para o caminho, para no lugar de Cristo, atuar e celebrar os Sacramentos. (YouCat, 138)

DIA 223 com a DIVINA MISERICÓRDIA — 11 de agosto

Reflexão de Santa Faustina

"Procuro dedicar um tal amor a Deus, que seja reparação por aqueles que não O amam, que alimentam seu Salvador de negra ingratidão." (Diário, 481)

SALMO DE MISERICÓRDIA
SALMO 103, 1-5

Minha alma, bendize o Senhor; e tudo o que há em mim, o seu santo nome! Minha alma, bendize o Senhor, e não esqueças nenhum de seus benefícios. É Ele quem perdoa todas as tuas culpas, que cura todas as tuas doenças; é Ele quem salva tua vida do fosso e te coroa com sua bondade e sua misericórdia; é Ele que pela vida afora te cumula de bens; tua juventude se renova como a da águia.

DIA 224 com a DIVINA MISERICÓRDIA — 12 de agosto

Reflexão de Santa Faustina

"A alma recolhida é capaz da mais profunda união com Deus, ela vive quase sempre sob a inspiração do Espírito Santo. Deus opera sem obstáculo na alma silenciosa." (Diário, 477)

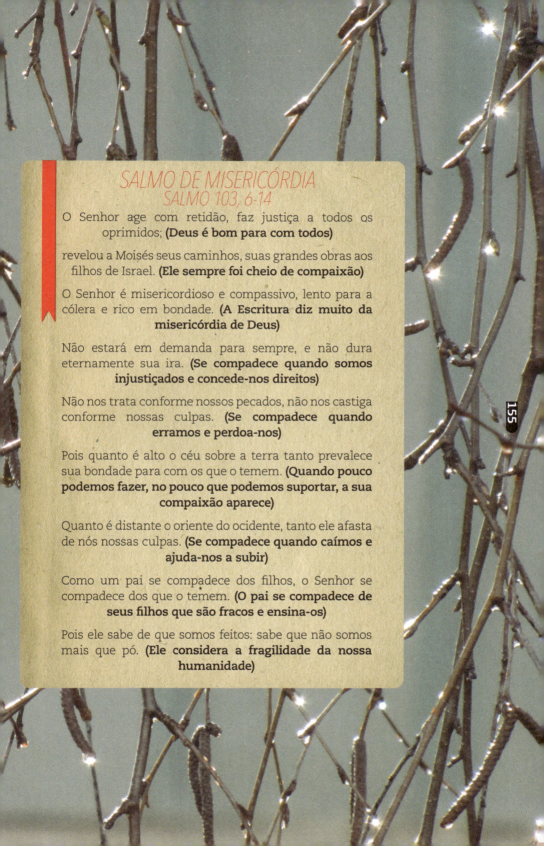

SALMO DE MISERICÓRDIA
SALMO 103, 6-14

O Senhor age com retidão, faz justiça a todos os oprimidos; **(Deus é bom para com todos)**

revelou a Moisés seus caminhos, suas grandes obras aos filhos de Israel. **(Ele sempre foi cheio de compaixão)**

O Senhor é misericordioso e compassivo, lento para a cólera e rico em bondade. **(A Escritura diz muito da misericórdia de Deus)**

Não estará em demanda para sempre, e não dura eternamente sua ira. **(Se compadece quando somos injustiçados e concede-nos direitos)**

Não nos trata conforme nossos pecados, não nos castiga conforme nossas culpas. **(Se compadece quando erramos e perdoa-nos)**

Pois quanto é alto o céu sobre a terra tanto prevalece sua bondade para com os que o temem. **(Quando pouco podemos fazer, no pouco que podemos suportar, a sua compaixão aparece)**

Quanto é distante o oriente do ocidente, tanto ele afasta de nós nossas culpas. **(Se compadece quando caímos e ajuda-nos a subir)**

Como um pai se compadece dos filhos, o Senhor se compadece dos que o temem. **(O pai se compadece de seus filhos que são fracos e ensina-os)**

Pois ele sabe de que somos feitos: sabe que não somos mais que pó. **(Ele considera a fragilidade da nossa humanidade)**

DIA 225 com a DIVINA MISERICÓRDIA — 13 de agosto

Santa Faustina

"Ó meu Criador e Senhor, sinto que conseguirei entreabrir o véu celeste para que a Terra não duvide da Vossa bondade." (Diário, 483)

SALMO DE MISERICÓRDIA
SALMO 103, 15-18

Como a erva são os dias do homem,
ele floresce como a flor do campo;
basta que sopre o vento, desaparece,
e o lugar que ocupava não voltará a vê-la.
Mas a bondade do Senhor desde sempre e para sempre é para os que o temem, e sua justiça para os filhos dos filhos, para os que guardam sua aliança e se lembram de observar seus preceitos.

#pense

Como a flor do campo está exposta e passível de ser pisada pelos animais do campo, tal é o homem. Mas Deus considera isso e tem compaixão dele. E a sua misericórdia faz o homem sobreviver a isso. A bondade divina, a verdade da sua promessa, será para os filhos dos filhos, para os que seguirem os passos de piedade de seus antepassados.

DIA 226 com a DIVINA MISERICÓRDIA — 14 de agosto

Reflexão de Santa Faustina
"Apenas o amor tem significado, pois eleva os nossos mínimos atos ao infinito." (Diário, 502)

DICA DE FÉ:

Todo o nosso ser deve, igualmente, glorificar o Senhor e a Ele ser grato. Pela graça somos constantemente alvos da bondade divina. Pela saúde, pela provisão, pela consolação, pelas dádivas espirituais, pela esperança. O coração agradecido a Deus não vê jamais o que lhe falta, mas reconhece em todo o tempo o que lhe sobra: o precioso amor de Deus Pai e de Jesus Cristo, nosso Senhor!

SALMO DE MISERICÓRDIA
SALMO 103, 19-22

O Senhor estabeleceu seu trono nos céus; seu império se estende sobre o universo. Bendizei o Senhor, vós, seus anjos, heróis fortes que executais suas ordens, obedecendo sua palavra! Bendizei o Senhor, vós, todos seus exércitos que o servis e executais suas vontades! Bendizei o Senhor, vós, todas suas obras, em todos os lugares onde Ele domina! Minha alma, bendize o Senhor!

DIA 227 com a DIVINA MISERICÓRDIA — *15 de agosto*

Maria Santíssima a Santa Faustina
"Sou Vossa Mãe pela infinita misericórdia de Deus.
A alma que cumpre fielmente a vontade de Deus
é a que mais me agrada." (Diário, 449)

ORAÇÃO DO DIA

Pai, faço parte da noiva do Cordeiro, a Igreja.
Ajuda-me a ser verdadeiro, fiel, casto,
amoroso, puro, consagrado.
Que não haja em mim nenhum afeto
desenfreado pelo mundo.
Que eu possa viver acima dos
apegos às coisas temporais.
Faz-me purificado, sem mácula,
santificado pela graça.
Que Teu amor seja minha plenitude,
Tua glória, minha alegria,
Teus preceitos, meu caminho,
Tua Cruz, o lugar do meu repouso.
Descansando na redenção
de Teu Filho, anseio os dias do céu,
onde nenhum mal vai me oprimir,
nenhuma névoa de incredulidade
escurecerá meus olhos.
Amém.

DIA 228 com a DIVINA MISERICÓRDIA — *16 de agosto*

Reflexão de Santa Faustina
"Não deves duvidar, nem desesperar, pecador, mas confiar
na misericórdia, porque também tu podes ser santo." (Diário, 522)

#PAPAFRANCISCO

*A ação misericordiosa do Senhor perdoa os nossos pecados e abre-nos a
uma vida nova que se concretiza na chamada ao discipulado e à missão.
Toda a vocação na Igreja tem a sua origem no olhar compassivo de Jesus.
A conversão e a vocação são como que duas faces da mesma medalha,
interdependentes continuamente em toda a vida do discípulo missionário.*

*Mensagem para o
53º Dia Mundial
de Oração pelas Vocações,
17 de abril de 2016*

DIA 229 com a DIVINA MISERICÓRDIA — *17 de agosto*

CONSAGRAÇÃO DO MUNDO À DIVINA MISERICÓRDIA

"Deus Pai misericordioso, que revelastes o teu amor no teu Filho Jesus Cristo, e
o derramaste sobre nós pelo Espírito Santo Consolador, nós te confiamos hoje os
destinos do mundo e de todo homem. Inclina-te sobre nós pecadores, cura a nossa
fraqueza, afasta todo mal, faz com que todos os habitantes da terra experimentem
a tua misericórdia, a fim de que em Ti, Deus Uno e Trino, encontrem sempre a fonte
da esperança. Eterno Pai, pela dolorosa Paixão e Ressurreição do Teu Filho, tende
misericórdia de nós e do mundo inteiro." *(São João Paulo II)*

17.08.2002 – O Papa João Paulo II consagrou a humanidade à Divina Misericórdia

DIA 230 com a DIVINA MISERICÓRDIA — 18 de agosto

Jesus a Santa Faustina
"Não são grandes prédios e magníficas instalações que Me dão satisfação, mas um coração puro e humilde." (Diário, 532)

#ObrasdeMisericórdiaCorporais

As obras de misericórdia são ações de caridade pelas quais socorremos o nosso próximo em suas necessidades espirituais e corporais.

Muitos de nossos irmãos e irmãs em Cristo não têm acesso a água potável e sofrem com a falta dessa necessidade básica. Devemos apoiar os esforços dos que trabalham para uma maior acessibilidade a este recurso essencial.

Dar de beber

- Damos por certo o acesso a água potável. Participemos de iniciativas para ajudar a construir poços de água para os necessitados.

- Organizemos um grupo de crianças e coletemos com elas garrafas de água para distribuir a um abrigo de famílias necessitadas. Envolva os pais, pedindo-lhes para acompanhar os filhos na distribuição. Faça o mesmo com jovens e grupos de adultos.

- Faça um esforço para não desperdiçar água. Lembrar-se de fechar a torneira quando estiver escovando os dentes ou lavando a louça pode ajudar.

DIA 231 com a DIVINA MISERICÓRDIA — 19 de agosto

Jesus a Santa Faustina
"A alma pura tem um poder inconcebível diante de Deus."
(Diário, 534)

#ObrasdeMisericórdiaCorporais

As obras de misericórdia são ações de caridade pelas quais socorremos o nosso próximo em suas necessidades espirituais e corporais.

Dar de beber

"O acesso à água potável e segura é um direito humano essencial, fundamental e universal, porque determina a sobrevivência das pessoas e, portanto, é condição para o exercício dos outros direitos humanos. Este mundo tem uma grave dívida social para com os pobres que não têm acesso à água potável, porque isto é negar-lhes o direito à vida radicado na sua dignidade inalienável."

(Papa Francisco, *Laudato Sì*, 30)

DIA 232 com a DIVINA MISERICÓRDIA — 20 de agosto

Reflexão de Santa Faustina
"Deus ama a quem se doa de bom grado." (Diário, 542)

#ObrasdeMisericórdiaCorporais

As obras de misericórdia são ações de caridade pelas quais socorremos o nosso próximo em suas necessidades espirituais e corporais.

DIA 233 com a DIVINA MISERICÓRDIA — 21 de agosto

Reflexão de Santa Faustina
"No coração puro e humilde reside Deus, que é a própria Luz, e todos os sofrimentos e adversidades existem para que se manifeste a santidade da alma." (Diário, 573)

DIA 234 com a DIVINA MISERICÓRDIA — 22 de agosto

Maria Santíssima a Santa Faustina
"Sou a Rainha do Céu e da Terra, mas especialmente a vossa Mãe." (Diário, 805)

IA 235 com a DIVINA MISERICÓRDIA   23 de agosto

esus a Santa Faustina
"Fala a todo o mundo da Minha bondade,
 com isso consolarás o Meu Coração."
Diário, 580)

Check-in:
Onde estivemos até agora
Para onde vamos a partir daqui
4 palavras de encorajamento:

1. "Os ímpios fogem quando ninguém persegue, mas o justo é ousado como um leão" (Provérbios 28, 1).

2. "Sede fortes e tomai coragem, todos vós que esperam no Senhor" (Salmo 31, 24).

3. "Eles todos ficaram cheios do Espírito Santo e começaram a anunciar a palavra de Deus com ousadia" (Atos 4, 31).

4. "Não fui eu que ordenei? Sede fortes e corajosos! Não tremei nem desanimeis, porque o Senhor teu Deus é contigo aonde quer que vá" (Josué 1, 9).

Fazer uma pausa e se interiorizar é um fator
fundamental para escutar o chamado diário.

DIA 236 com a DIVINA MISERICÓRDIA — *24 de agosto*

Jesus a Santa Faustina

"Se as almas quisessem ouvir a Minha Voz, quando falo no fundo dos seus corações, em pouco tempo atingiriam os cumes da perfeição." (Diário, 584)

Um novo check-in: Onde estivemos até agora

Para onde vamos a partir daqui
+ 4 palavras de encorajamento:

1. "Sede fortes e corajosos... porque há conosco um maior do que ele. Com ele há apenas um braço de carne, mas conosco está o Senhor nosso Deus para nos ajudar e lutar nossas batalhas" (2 Crônicas 32, 7-8).

2. "Sê forte! Lutemos com coragem pelo bem do nosso povo e pelas cidades de nosso Deus. O Senhor faça o que é bom aos seus olhos" (2 Samuel 10, 12).

3. "Quando vos invoquei, vós me respondestes. Fizestes crescer a força de minha alma" (Salmo 138, 3).

4. "A maioria dos irmãos, confiando no Senhor por causa da minha prisão, teve mais coragem para anunciar a palavra de Deus" (Filipenses 1, 14).

DIA 237 com a DIVINA MISERICÓRDIA — 25 de agosto

Nascimento de Santa Faustina, apóstola da Misericórdia

Jesus a Santa Faustina
"Através de ti, como através dessa Hóstia, passarão os raios da misericórdia para o mundo." (Diário, 441)

DIA 238 com a DIVINA MISERICÓRDIA — 26 de agosto

Reflexão de Santa Faustina
"A alma humilde não confia em si mesma, mas põe toda a sua confiança em Deus. Deus defende a alma humilde e Ele mesmo se preocupa com os problemas dela (...)." (Diário, 593)

ORAÇÃO DO DIA
Senhor, começo agora a anunciar a tua grande misericórdia. Eu te louvo e agradeço por tua bondade e misericórdia que se renovam a cada manhã e permanecem firmes durante todo o dia para me fortalecer e sustentar.

DIA 239 com a DIVINA MISERICÓRDIA — *27 de agosto*

Reflexão de Santa Faustina

"Todos os sofrimentos nada são, em comparação com o que nos espera no Céu." (Diário, 596)

SÃO JOÃO PAULO II, PAPA DA MISERICÓRDIA

Cristo, "de natureza divina, não conservou para si mesmo, ciosamente, o fato de ser igual a Deus". O que seria de nós, aqui embaixo no abismo, frágeis e apegados à terra, e por isso na impossibilidade de alcançar a Deus? Podíamos ser abandonados a nós mesmos? Absolutamente não. Ele "aniquilou-se a si mesmo, assumindo a condição de servo", sem, contudo, abandonar a condição de Deus. Portanto, aquele que era Deus fez-se homem, assumindo aquilo que não era, sem perder o que era; assim, Deus fez-se homem. Por um lado, é aqui que encontras o socorro à tua debilidade; por outro, aqui encontras quanto te é necessário para alcançar a perfeição. Que Cristo te eleve, em virtude da sua humanidade, que te guie em virtude da sua divindade humana e que te oriente para a sua divindade...

Audiência Geral, 4 de agosto de 2004.

DIA 240 com a DIVINA MISERICÓRDIA — **28 de agosto**

Dia de Santo Agostinho

Reflexão de Santa Faustina

"Feliz a alma que clama pela misericórdia do Senhor, pois experimentará o que disse o Senhor, que a defenderá como Sua glória (...)." (Diário, 598)

PAPA BENTO XVI E A MISERICÓRDIA

A história do amor entre Deus e o homem consiste precisamente no fato de que esta comunhão de vontade cresce em comunhão de pensamento e de sentimento e, assim, o nosso querer e a vontade de Deus coincidem cada vez mais: a vontade de Deus deixa de ser para mim uma vontade estranha que me impõem de fora os mandamentos, mas é a minha própria vontade, baseada na experiência de que realmente Deus é mais íntimo a mim mesmo de quanto o seja eu próprio.

Deus caritas est, 17.

DIA 241 com a DIVINA MISERICÓRDIA — **29 de agosto**

Jesus a Santa Faustina:

"A alma mais perfeita e santa é aquela que cumpre a vontade do Pai." (Diário, 603)

"MISERICORDIANDO" COM O PAPA FRANCISCO

Confiaremos a vida da Igreja, a humanidade inteira e o universo imenso à Realeza de Cristo, para que derrame a sua misericórdia, como o orvalho da manhã, para a construção duma história fecunda com o compromisso de todos no futuro próximo. Quanto desejo que os anos futuros sejam permeados de misericórdia para ir ao encontro de todas as pessoas levando-lhes a bondade e a ternura de Deus! A todos, crentes e afastados, possa chegar o bálsamo da misericórdia como sinal do Reino de Deus já presente no meio de nós.

(Misericordiae vultus, 5)

DIA 242 com a DIVINA MISERICÓRDIA — 30 de agosto

Reflexão de Santa Faustina

"Que inconcebível glória aguarda a alma que é semelhante a Jesus, sofredor aqui na terra; essa alma será semelhante a Jesus na Glória." (Diário, 604)

"MISERICORDIANDO" COM O PAPA FRANCISCO

A arquitrave que suporta a vida da Igreja é a misericórdia. Toda a sua ação pastoral deveria estar envolvida pela ternura com que se dirige aos crentes; no anúncio e testemunho que oferece ao mundo, nada pode ser desprovido de misericórdia. A credibilidade da Igreja passa pela estrada do amor misericordioso e compassivo. A Igreja "vive um desejo inexaurível de oferecer misericórdia".

DIA 243 com a DIVINA MISERICÓRDIA — 31 de agosto

Reflexão de Santa Faustina

"Quando a intensidade da luta ultrapassa as minhas forças, jogo-me como uma criança nos braços do Pai Celestial e confio que não perecerei." (Diário, 606)

9 setembro

Uma pergunta por mês para vermos o quanto Deus faz novas todas as coisas em nossas vidas ao longo dos anos

QUAL É A PALAVRA DE DEUS PARA SUA VIDA NESTE MÊS DE SETEMBRO?

Ano de 20....

Ano de 20....

Ano de 20....

Ano de 20....

DIA 244 com a DIVINA MISERICÓRDIA — **1º de setembro**

Santa Faustina a Jesus
"Conheci-Vos, ó Deus, como fonte de misericórdia que vivifica e alimenta cada alma." (Diário, 611)

"MISERICORDIANDO" COM O PAPA FRANCISCO

Uma Bíblia em cada família! "Mas Padre, nós já temos duas, três…". Mas onde as escondestes? (…) A Bíblia não pode ser posta numa estante, mas deve estar ao alcance das nossas mãos, para a ler com frequência, cada dia, quer individualmente quer em conjunto, marido e esposa, pais e filhos, talvez à noite, de forma particular aos domingos. Assim a família cresce, caminha, com a luz e a força da Palavra de Deus!

Ângelus, 5 de outubro de 2014

DIA 245 com a DIVINA MISERICÓRDIA — **2 de setembro**

Santa Faustina a Jesus:
"A Misericórdia é a vida das almas, a Sua compaixão, inesgotável." (Diário, 611)

5 VALORES PARA SEREM VIVIDOS: DICA DE SÃO JOÃO PAULO II

Num continente em que convivem a competição e a agressividade, o consumo desenfreado e a corrupção, os leigos são chamados a encarnar valores profundamente evangélicos, como

1. A MISERICÓRDIA
2. O PERDÃO
3. A HONESTIDADE
4. A TRANSPARÊNCIA DE CORAÇÃO
5. E A PACIÊNCIA NAS SITUAÇÕES DIFÍCEIS

Dos leigos espera-se uma grande força criadora em gestos e obras que manifestem uma vida coerente com o Evangelho.
(Exortação Apostólica Ecclesia in America, 44)

DIA 246 com a DIVINA MISERICÓRDIA — 3 de setembro

Reflexão de Santa Faustina

"O espírito de Jesus é sempre simples, bondoso, sincero. (...) Uma palavra severa, mas decorrente dum amor sincero, não fere o coração." (Diário, 633)

Consagra-os pela verdade: a tua palavra é a verdade. (João 17,17)

QUANDO DEUS FALA AS COISAS MUDAM. TUDO EM TORNO DE VOCÊ – TODA A CRIAÇÃO – EXISTE PORQUE "DEUS DISSE ISSO". ELE FALOU E TUDO EXISTIU. O ESPÍRITO DE DEUS USA A PALAVRA DE DEUS PARA NOS FAZER FILHOS DESSE DEUS E PARA TORNAR-NOS SEMELHANTES A JESUS: "TODA ESCRITURA É INSPIRADA POR DEUS E É ÚTIL PARA ENSINAR, PARA ARGUMENTAR, PARA CORRIGIR, PARA EDUCAR CONFORME A JUSTIÇA. ASSIM, A PESSOA QUE É DE DEUS ESTARÁ CAPACITADA E BEM PREPARADA PARA TODA BOA OBRA" (2 TIMÓTEO 3, 16-17).

Pensar sobre isso

Como a Palavra de Deus tem transformado sua vida

DIA 247 com a DIVINA MISERICÓRDIA — 4 de setembro

Jesus a Santa Faustina

"O sofrimento será para ti um sinal de que estou contigo." (Diário, 669)

ORE... A FÉ CONECTA A NOSSA FRAQUEZA À FORÇA DE DEUS.

Pai da Misericórdia, dá-me a força de caráter e a perseverança para servi-lo melhor. Ajuda-me a não desanimar quando as coisas ficam difíceis, mas a confiar sempre mais em ti.

DIA 248 com a DIVINA MISERICÓRDIA — 5 de setembro

Reflexão de Santa Faustina

"Agradam-me mais os tormentos, sofrimentos, perseguições e todo o tipo de adversidades provenientes da vontade de Deus, do que sucessos, elogios e reconhecimentos provenientes do meu próprio querer." (Diário, 678)

Palavra de Misericórdia

"TOMAI A PEITO TODAS ESTAS PALAVRAS QUE HOJE VOS PROCLAMEI E ENSINAI-AS A VOSSOS FILHOS, PARA QUE GUARDEM E PRATIQUEM TODAS AS PALAVRAS DESTA LEI. POIS NÃO SÃO PARA VÓS PALAVRAS VAZIAS; TRATA-SE DE VOSSA PRÓPRIA VIDA! CUMPRINDO-AS, PROLONGAREIS VOSSA VIDA SOBRE A TERRA DE QUE TOMAREIS POSSE DEPOIS DE ATRAVESSARDES O RIO JORDÃO." (DEUTERONÔMIO 32, 46-47)

DIA 249 com a DIVINA MISERICÓRDIA — 6 de setembro

Jesus a Santa Faustina

"A tua oração Me é imensamente agradável." (Diário, 691)

"MISERICORDIANDO" COM O PAPA FRANCISCO

"Devemos, então, fazer todo esforço para que cada fiel leia a Palavra de Deus, porque a 'ignorância das Escrituras, de fato, é ignorância de Cristo', como diz São Jerônimo."

Audiência com membros da Aliança Bíblica Nacional, 29 de setembro de 2014

DIA 250 com a DIVINA MISERICÓRDIA — 7 de setembro

Reflexão de Santa Faustina
"Oh! quanto custa um único pecado." (Diário, 685)

Porque o amor cobre uma multidão de pecados...

Se alguém tem o dom de falar, fale como se fossem palavras de Deus. Se alguém tem o dom do serviço, exerça-o como capacidade proporcionada por Deus, a fim de que, em todas as coisas, Deus seja glorificado, por Jesus Cristo, a quem pertencem a glória e o poder, pelos séculos dos séculos. Amém. (1Pedro 4, 8.11)

DIA 251 com a DIVINA MISERICÓRDIA — 8 de setembro

Maria Santíssima a Santa Faustina
"Vossa vida deve ser semelhante à Minha: silenciosa e oculta, continuamente unida a Deus, em súplica pela humanidade e a preparar o mundo para a segunda vinda de Deus." (Diário, 625)

DIA 252 com a DIVINA MISERICÓRDIA   9 de setembro

Santa Faustina a Jesus
"Meu Jesus, minha força, minha paz e meu descanso, nos Vossos raios de misericórdia mergulha a minha alma todos os dias."
(Diário, 697)

SALMO DE MISERICÓRDIA
SALMO 119, 81-84

Eu anseio pela tua salvação, espero na tua palavra. Meus olhos anseiam pela tua promessa, enquanto digo: "Quando me darás conforto?" Sou como um odre exposto à fumaça, mas não esqueço teus estatutos. Quantos serão os dias do teu servo? Quando farás o juízo contra meus perseguidores?

DIA 253 com a DIVINA MISERICÓRDIA   10 de setembro

Jesus a Santa Faustina
"A Minha misericórdia é tão grande que, por toda a eternidade, nenhuma mente, nem humana, nem angélica a aprofundará." (Diário, 699)

SALMO DE MISERICÓRDIA
SALMO 119, 85-88

Cavaram-me um fosso os insolentes que não seguem a tua lei. Todos os teus mandamentos são verdade; sem razão me perseguem: socorre-me! Por pouco não me expulsaram deste mundo, mas não abandonei teus preceitos. Segundo teu amor faze-me viver e observarei os testemunhos da tua boca.

DIA 254 com a DIVINA MISERICÓRDIA — 11 de setembro

Jesus a Santa Faustina

"Quem confia na Minha misericórdia não perecerá, porque todas as suas causas são Minhas, e os seus inimigos desbaratados aos pés do Meu escabelo." (Diário, 723)

Catecismo da Igreja Católica

Disse o Papa Francisco que "se pode conhecer Jesus no Catecismo", uma vez que ele "nos ensina muitas coisas sobre sua vida". Por isso, "devemos estudá-lo e aprendê-lo".
(Homilia de 26 de setembro de 2013)

"A Sagrada Escritura lê-se corretamente se for lida em atitude orante, ou seja, com a ajuda do Espírito Santo, sob cujo influxo ela surgiu. Ela contém a palavra de Deus, isto é, a decisiva mensagem de Deus para nós."

"A Bíblia é como uma longa carta de Deus dirigida a cada um de nós. Por isso temos de acolher as Sagradas Escrituras com grande amor e respeito. Primeiro, devemos realmente ler a carta de Deus, isto é, não isolar pormenores sem atender ao todo. Depois, devemos orientar esse todo para o seu coração e mistério, ou seja, para Jesus Cristo, de quem fala toda a Bíblia, mesmo o Antigo Testamento. Portanto, devemos ler as Sagradas Escrituras na mesma fé viva da Igreja em que elas surgiram". [YouCat, 16]

DIA 255 com a DIVINA MISERICÓRDIA   12 de setembro

Maria Santíssima a Santa Faustina
"Sou a Rainha do Céu e da Terra, mas especialmente a vossa Mãe." (Diário, 805)

Santo Agostinho e a Misericórdia
"Seguramente fica sem fruto aquele que prega exteriormente a Palavra de Deus sem a escutar no seu íntimo." (Sermão 179, 1)

DIA 256 com a DIVINA MISERICÓRDIA   13 de setembro

Jesus a Santa Faustina
"Em cada alma realizo a obra da misericórdia e, quanto maior o pecador, tanto maiores direitos tem à Minha misericórdia." (Diário, 723)

Pense...

Deus cumpre suas promessas.
É imutável no que diz.
Ele não tem alegria em falar algo renegando em seguida o que disse que faria.
Ele não é nem inconstante e nem temperamental.
E Ele nunca mente.
"Sua palavra é sua obrigação."

DIA 257 com a DIVINA MISERICÓRDIA — 14 *de setembro*

Reflexão de Santa Faustina

"Nos mais pesados tormentos, fixo o olhar da minha alma em Jesus Crucificado; não espero ajuda dos homens, mas deposito a minha confiança em Deus; na sua insondável misericórdia está toda a minha esperança." (Diário, 681)

E TRARÁS GRAVADAS NO TEU CORAÇÃO TODAS ESTAS PALAVRAS QUE HOJE TE ORDENO. TU AS REPETIRÁS COM INSISTÊNCIA A TEUS FILHOS E DELAS FALARÁS QUANDO ESTIVERES SENTADO EM CASA OU ANDANDO A CAMINHO, QUANDO TE DEITARES OU TE LEVANTARES. (DEUTERONÔMIO 6. 6-7)

DIA 258 com a DIVINA MISERICÓRDIA — 15 *de setembro*

Maria Santíssima a Santa Faustina

"Sabe, Minha filha, que embora Eu tenha sido elevada à dignidade da Mãe de Deus, sete espadas de dor transpassaram o Meu Coração." (Diário, 786)

#PAPAFRANCISCO

Se vocês vissem a minha Bíblia, talvez vocês não ficariam por nada tocados. Diriam: "O quê? Esta é a Bíblia do Papa? Um livro assim velho, assim usado!". Amo a minha velha Bíblia, aquela que me acompanhou metade da minha vida. Viu a minha alegria, foi banhada pelas minhas lágrimas: é o meu inestimável tesouro. Vivo dela e por nada no mundo eu faria menos dela. Vocês têm entre as mãos, portanto, algo de divino: um livro como fogo, um livro no qual Deus fala. Por isto, recordem-se: a Bíblia não é feita para ser colocada em uma prateleira, mas é feita para ser levada na mão, para ser lida frequentemente, a cada dia, quer sozinho como acompanhados.

(Prefácio de uma Bíblia voltada ao público jovem, publicado na revista dos jesuítas "La Civiltà Cattolica")

DIA 259 com a DIVINA MISERICÓRDIA — *16 de setembro*

Jesus a Santa Faustina

"São poucas as almas que contemplam a Minha Paixão com um verdadeiro afeto. Concedo as graças mais abundantes às almas que meditam piedosamente sobre a Minha Paixão." (Diário, 737)

#PAPAFRANCISCO

Leiam com atenção. Não permaneçam na superfície, como se faz com histórias em quadrinhos! A Palavra de Deus não pode ser lida com um passar de olhos! Antes, perguntem-se: "O que diz este texto ao meu coração? Por meio desta palavra, Deus está me falando? Talvez esteja suscitando anseios, a minha sede profunda? O que devo fazer?" Somente assim a Palavra de Deus poderá mostrar toda a sua força; somente assim a nossa vida poderá transformar-se, tornando-se plena e bela.

(Prefácio de uma Bíblia voltada ao público jovem, publicado na revista dos jesuítas "La Civiltà Cattolica")

DIA 260 com a DIVINA MISERICÓRDIA | **17 de setembro**

Reflexão de Santa Faustina

"Estou escrevendo isso por ordem de Deus, para que nenhuma alma se escuse dizendo que não há Inferno, ou que ninguém esteve lá e não sabe como é." (Diário, 741)

#ObrasdeMisericórdiaCorporais

As obras de misericórdia são ações de caridade pelas quais socorremos o nosso próximo em suas necessidades espirituais e corporais.

VESTIR O NU

A terceira obra de misericórdia corporal é "vestir o nu". Quantas pessoas hoje estão empobrecidas, necessitadas de um melhor vestuário, precisando de roupas adequadas para aquecê-las no inverno etc.? Poderíamos ser mais conscientes das necessidades materiais dos nossos irmãos e irmãs?

DIA 261 com a DIVINA MISERICÓRDIA — 18 de setembro

Reflexão de Santa Faustina
"Convosco, Jesus, caminho pela vida, por entre arco-íris e tempestades, num grito de alegria, entoando o hino da Vossa misericórdia." (Diário, 761)

DICA PRÁTICA
Abrir o guarda roupa

Nós temos roupas que estão em bom estado e que usamos só raramente, ou até nem usamos mais? Poderíamos dar algumas ou todas para os pobres, ou para um grupo como a Sociedade São Vicente de Paulo, que vai confiá-las aos necessitados?

Lembre-se: *não é caridade dar para os mais necessitados roupas velhas e sem as mínimas condições de uso, ou ainda roupas sujas. Vamos dar-lhes as roupas que estão limpas e em boas condições, convenientes à sua dignidade de filhos de Deus.*

#ObrasdeMisericórdiaCorporais
As obras de misericórdia são ações de caridade pelas quais socorremos o nosso próximo em suas necessidades espirituais e corporais.

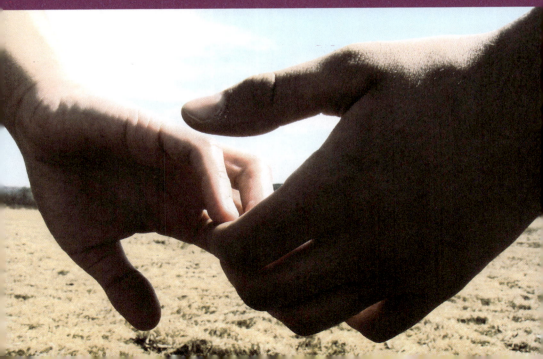

DIA 262 com a DIVINA MISERICÓRDIA — 19 de setembro

Reflexão de Santa Faustina

"Não há poder algum que me possa deter neste meu arrebatamento para Deus." (Diário, 761)

A Misericórdia e os anjos

Os anjos adoram a Deus (com todos os santos), defendem a Justiça divina diante das criaturas, se inclinam diante do Amor e da Misericórdia de Deus para com os homens. Também são enviados a serviço da humanidade.

"Agradeci a Deus por Sua bondade, por nos dar Anjos por companheiros. Oh! como as pessoas consideram pouco o fato de terem sempre perto de si um hóspede como este, que é, ao mesmo tempo, testemunha de tudo! Pecadores, lembrai-vos que também vós tendes uma testemunha dos vossos atos." (Diário, 630)

*São Miguel Arcanjo,
defendei-nos no combate!*

DIA 263 com a DIVINA MISERICÓRDIA — 20 de setembro

A Misericórdia e os anjos

"Tudo o que existe saiu das entranhas da Minha Misericórdia." (Diário, 699)

"Todos os Anjos e homens saíram das entranhas da Vossa misericórdia. A misericórdia é a flor do amor. Deus é amor, e a Misericórdia, a Sua obra; no amor se concebe, na misericórdia se manifesta. Tudo que vejo me fala de Sua misericórdia, até a própria justiça de Deus fala-me da Sua impenetrável misericórdia, porque a justiça nasce do amor." (Diário, 651)

*São Miguel Arcanjo,
defendei-nos no combate!*

DIA 264 com a DIVINA MISERICÓRDIA — 21 de setembro

Reflexão de Santa Faustina

"Agradeci a Deus por Sua bondade, por nos dar Anjos por companheiros. Oh! como as pessoas consideram pouco o fato de terem sempre perto de si um hóspede como este (...)." (Diário, 630)

A MISERICÓRDIA E OS ANJOS

O Papa Bento XVI assinalou certa vez este mistério tão significativo para os ministros de Deus.

"Numa das suas homilias, o Papa Gregório Magno disse uma vez que os Anjos de Deus, a qualquer distância que cheguem com as suas missões, caminham sempre em Deus. Estão sempre com Ele. E falando dos Anjos, São Gregório pensou também nos bispos e nos sacerdotes: aonde quer que vão, deveriam 'estar com Ele' sempre." *(Homilia de 11 de setembro de 2006)*

"Pois ele dará ordem a seus anjos para te guardarem em todos os teus passos. Em suas mãos te levarão para que teu pé não tropece em nenhuma pedra. Caminharás sobre a cobra e a víbora, pisarás sobre leões e dragões." (Salmo 91, 11-13)

São Miguel Arcanjo, defendei-nos no combate!

DIA 265 com a DIVINA MISERICÓRDIA — 22 de setembro

Reflexão de Santa Faustina
"Ó puro Amor de Deus, como és grandioso e incomparável.
Oh! se as almas conhecessem o Vosso poder!" (Diário, 781)

A Misericórdia e os anjos

"AGORA SEI, DE FATO, QUE O SENHOR ENVIOU O SEU ANJO PARA ME LIVRAR DO PODER DE HERODES E DE TUDO O QUE O POVO JUDEU ESPERAVA!" (ATOS 12, 11)

"Misericórdia divina, enlevo para os anjos, inefável para os Santos." (Diário, 949)

São Miguel Arcanjo, defendei-nos no combate!

DIA 266 com a DIVINA MISERICÓRDIA — 23 de setembro

Santa Faustina a Jesus
"Eis-me, aqui, Senhor, para cumprir a Vossa vontade, ordenai-me de acordo com os Vossos eternos desígnios e predileções, e dai-me apenas a graça de Vos ser sempre fiel." (Diário, 787)

A Misericórdia e os anjos

"O CAMPO É O MUNDO. A BOA SEMENTE SÃO OS QUE PERTENCEM AO REINO. O JOIO SÃO OS QUE PERTENCEM AO MALIGNO. O INIMIGO QUE SEMEOU O JOIO É O DIABO. A COLHEITA É O FIM DOS TEMPOS. OS QUE CORTAM O TRIGO SÃO OS ANJOS." (MATEUS 13, 38-39)

São Miguel Arcanjo, defendei-nos no combate!

DIA 267 com a DIVINA MISERICÓRDIA — 24 de setembro

Santa Faustina a Jesus
"Ocultai-me, Jesus, nas profundezas da Vossa Misericórdia (...)." (Diário, 791)

A Misericórdia e os anjos

"Meu Deus mandou seu anjo para fechar as bocas dos leões e eles não me incomodaram, pois fui considerado inocente diante de Deus da mesma forma como também contra ti, ó rei, nenhum crime cometi." (Daniel 6, 23)

São Miguel Arcanjo, defendei-nos no combate!

DIA 268 com a DIVINA MISERICÓRDIA — 25 de setembro

Jesus a Santa Faustina
"Fica sabendo que o Meu olhar acompanha cada movimento do teu coração com grande atenção." (Diário, 797)

A Misericórdia e os anjos

"Eu vi – eu ouvi a voz de numerosos anjos, que rodeavam o trono, os Seres vivos e os Anciãos. Eram milhares de milhares, milhões de milhões." (Apocalipse 5,11)

São Miguel Arcanjo, defendei-nos no combate!

DIA 269 com a DIVINA MISERICÓRDIA — 26 de setembro

Reflexão de Santa Faustina
"Ter sempre o coração aberto para aceitar os sofrimentos dos outros e submergir os próprios sofrimentos no Coração divino, a fim de que, exteriormente, e na medida do possível, não sejam percebidos." (Diário, 792)

A Misericórdia e os anjos
"O anjo do Senhor, porém, desceu para junto de Azarias e seus companheiros na fornalha. Impeliu as labaredas para fora da fornalha e fez surgir no meio da fornalha um vento úmido refrescante. O fogo não os atingiu nem causou-lhes qualquer incômodo." (Daniel 3, 49-50)

São Miguel Arcanjo, defendei-nos no combate!

DIA 270 com a DIVINA MISERICÓRDIA — 27 de setembro

Reflexão de Santa Faustina
"Não permitir que seja perturbada a minha paz e meu silêncio interior." (Diário, 792)

A Misericórdia e os anjos
"Naquele dia vai prevalecer Miguel, o grande comandante, sempre de pé ao lado do teu povo. Será hora de grandes apertos, tais como jamais houve, desde que as nações começaram a existir até o tempo atual. Só escapará, então, quem for do teu povo, quem tiver seu nome inscrito no livro." (Daniel 12, 1)

São Miguel Arcanjo, defendei-nos no combate!

DIA 271 com a DIVINA MISERICÓRDIA · **28 de setembro**

"Tenho uma grande devoção por São Miguel Arcanjo. Ele não tinha um exemplo no cumprimento da vontade de Deus e, no entanto, cumpriu fielmente os desejos de Deus." (Diário, 667)

A Misericórdia e os anjos

"Deixa de medo, Daniel, pois desde o primeiro dia, quando começaste a meditar e a te humilhar diante de Deus, tuas palavras foram ouvidas, e é por causa delas que eu vim. Há vinte e um dias que o chefe do reino da Pérsia combate comigo, mas Miguel, um dos primeiros chefes, veio me ajudar. Pois eu o deixei lá, enfrentando o rei da Pérsia." (Daniel 10, 12-13)

São Miguel Arcanjo, defendei-nos no combate!

DIA 272 com a DIVINA MISERICÓRDIA · **29 de setembro**

A Misericórdia e os anjos

"No dia de São Miguel Arcanjo, vi esse Guia perto de mim. Ele me disse estas palavras: 'Recomendou-me o Senhor que eu tivesse um especial cuidado por ti. Sabe que és odiada pelo mal, mas não temas. – Quem como Deus!' – E desapareceu. Contudo, continuo a sentir a sua presença e ajuda." (Diário, 706)

"Houve então uma batalha no céu: Miguel e seus anjos guerrearam contra o Dragão. O Dragão lutou, juntamente com os seus anjos, mas foi derrotado; e eles perderam seu lugar no céu. Assim foi expulso o grande Dragão, a antiga Serpente, que é chamado Diabo e Satanás, o sedutor do mundo inteiro."

(Apocalipse 12, 7-9)

DIA 273 com a DIVINA MISERICÓRDIA **30 de setembro**

Reflexão de Santa Faustina
"A palavra do Senhor (...) é viva."
(Diário, 764)

Palavra viva

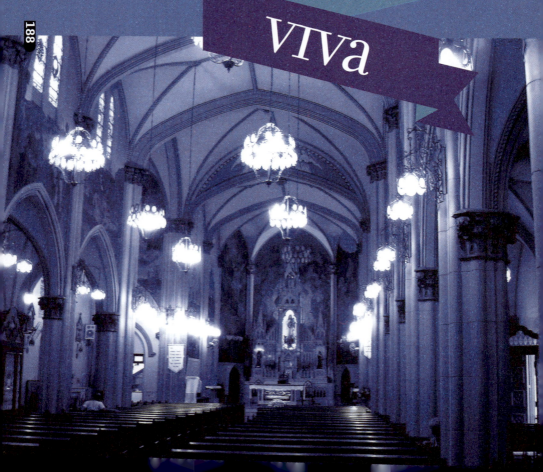

Uma pergunta por mês para vermos o quanto Deus faz novas todas as coisas em nossas vidas ao longo dos anos

OUTUBRO FOI DIFERENTE PORQUE...

Ano de 20....

Ano de 20....

Ano de 20....

Ano de 20....

DIA 274 com a DIVINA MISERICÓRDIA — 1º de outubro

SANTOS DA MISERICÓRDIA – SANTA TERESINHA DO MENINO JESUS

"Quero anotar um sonho que tive a respeito de Santa Teresinha do Menino Jesus. Eu era ainda noviça e tinha certas dificuldades, que não conseguia superar. Tratava-se de obstáculos interiores, mas que se relacionavam com dificuldades exteriores. Fiz novenas a vários santos, mas a situação tornava-se cada vez mais difícil. Os meus sofrimentos eram tão grandes que já não sabia como continuar a viver. De repente, veio-me a ideia de rezar a santa Teresinha do Menino Jesus. Comecei uma novena a essa Santa, pois já antes do ingresso no Convento tinha uma grande devoção a ela. Agora me descuidei um pouco dela, mas, nessa necessidade, novamente, comecei a rezar com todo fervor. No quinto dia da novena sonhei com Santa Teresinha, mas como se ela ainda estivesse na Terra. Ocultou diante de mim a circunstância de ela ser santa e começou a consolar-me, para que eu não ficasse tão triste por causa desse problema, mas confiasse mais em Deus. Afirmava-me: Também eu sofri muito', e eu não acreditava que ela houvesse sofrido muito e disse-lhe então: 'A mim me parece nada haver sofrido.' Mas Santa Teresinha respondeu convencendo-me de que sofria muito e disse-me: 'Dentro de três dias, a Irmã verá que esse problema será resolvido da melhor maneira.' Quando eu não queria acreditar muito nela, então ela se deu a conhecer, dizendo que era uma santa. Neste momento, minha alma encheu-se de alegria e perguntei-lhe: Você é uma santa', e ela me respondeu que sim: 'Sou uma santa e confie que o seu problema se resolverá no terceiro dia.' E eu disse a ela: 'Santa Teresinha, diga-me irei para o céu?' Respondeu-me: 'A irmã irá para o céu.' 'E serei santa?' Respondeu-me: 'A irmã será santa.' 'Mas, Teresinha, eu serei uma santa como você, nos altares?' E ela me respondeu: 'Sim, você será uma santa como eu, mas deve confiar muito em Jesus.' E perguntei-lhe se meu pai e minha mãe irão para o céu – respondeu-me: Irão. E continuei a perguntar: 'E as minhas irmãs e meus irmãos também irão para o Céu?' – Respondeu-me que rezasse muito por eles e não me deu uma resposta certa. Compreendi que necessitavam, de muitas orações." (Diário, 150)

DIA 275 com a DIVINA MISERICÓRDIA — **2 de outubro**

Dia do anjo da guarda

"Vi meu Anjo da Guarda a meu lado, absorvido em oração
e contemplando a Deus, e o meu pensamento o acompanhava (...)." (Diário, 490)

"Surgiu diante de mim a clara e luminosa figura do Anjo da Guarda, que me disse:
'Não tenhas medo (...).'" (Diário, 419).

DIA 276 com a DIVINA MISERICÓRDIA — **3 de outubro**

Santa Faustina a Jesus
"Ó fonte inesgotável da Misericórdia de Deus, derramai-Vos sobre nós.
A Vossa bondade não tem limites." (Diário, 819)

É minha firme convicção que Deus pode usar você
para trazer outros para o Seu reino. Por que Deus
nos chamaria para essa realidade que chamamos
evangelização se não fosse assim?

DIA 277 com a DIVINA MISERICÓRDIA — **4 de outubro**

Santa Faustina a Jesus
"Ó Deus, minha força, só Vós me bastais." (Diário, 827)

ORAÇÃO

Senhor Jesus, que o meu modo de vida e as
minhas palavras possam atrair outros para
ti. Concede-me esta graça. Amém.

DIA 278 com a DIVINA MISERICÓRDIA — 5 de outubro

(Nascimento de Santa Faustina para o Céu)

Jesus a Santa Faustina
"Tu és testemunha da Minha misericórdia, ficarás pelos séculos diante do Meu Trono como testemunha viva da Minha misericórdia." (Diário, 417)

Santa Faustina, alcançai-me a graça de penetrar cada vez mais profundamente no mistério da Divina Misericórdia, na obra da criação e redenção, para que, como vós, faça-a conhecida em todo o mundo.

Santa Faustina, testemunha viva da misericórdia do Pai Celestial, rogai por nós.
Santa Faustina, humilde serva de Jesus, Misericórdia Encarnada, rogai por nós.
Santa Faustina, instrumento obediente do Espírito consolador, rogai por nós.
Santa Faustina, filha confiante da Mãe de Misericórdia, rogai por nós.

Rogai por nós, Santa Faustina, para que, com a nossa vida e palavra, proclamemos ao mundo a mensagem da Misericórdia.

Jesus, eu confio em Vós!

DIA 279 com a DIVINA MISERICÓRDIA — *6 de outubro*

Jesus a Santa Faustina

"Sabe, Minha filha, que Me agrada o fervor do teu coração e, assim como tu desejas ardentemente te unir a Mim na Sagrada Comunhão, assim também Eu desejo entregar-Me todo a ti." (Diário, 826)

Santa Faustina, ensinai-me a estar com o Senhor em minha própria alma, para ouvir a sua voz e viver com Ele todos os momentos da vida. Alcançai-me a graça de contemplar a misericórdia de Deus na vida cotidiana.

Santa Faustina, confidente da mensagem sobre a Divina Misericórdia, rogai por nós.
Santa Faustina, secretária fiel das palavras de Jesus Misericordioso, rogai por nós.
Santa Faustina, grande apóstola da Divina Misericórdia, rogai por nós.
Santa Faustina, dispensadora do Deus rico em misericórdia, rogai por nós.

Rogai por nós, Santa Faustina,
para que, com a nossa vida e palavra, proclamemos
ao mundo a mensagem da Misericórdia.

Jesus, eu confio em Vós!

DIA 280 com a DIVINA MISERICÓRDIA — 7 de outubro

Santa Faustina a Maria Santíssima
"Ó Maria, minha doce Mãe, entrego-Te minha alma, meu corpo e meu pobre coração." (Diário, 161)

Alcançai-me, Santa Faustina, a graça da confiança filial, para que sempre e em tudo se cumpra fielmente a vontade de Deus, que é para nós a própria misericórdia.

Santa Faustina, dom de Deus para o mundo inteiro, rogai por nós.
Santa Faustina, perscrutadora da bondade do Criador em toda criatura, rogai por nós.
Santa Faustina, adoradora de Deus no mistério da Encarnação, rogai por nós.
Santa Faustina, participante da Paixão e Ressurreição do Senhor, rogai por nós.

Rogai por nós, Santa Faustina, para que, com a nossa vida e palavra, proclamemos ao mundo a mensagem da Misericórdia.

Jesus, eu confio em Vós!

IA 281 com a DIVINA MISERICÓRDIA — *8 de outubro*

Santa Faustina a Jesus

"Segurai-me firmemente bem junto de Vós."
(Diário, 831)

Santa Faustina, intercedei por mim diante do Senhor, para que também minha vida se transforme em misericórdia praticada ao próximo por ações, palavras e orações. Os meus olhos, ouvidos, boca, mãos, pés e coração sejam misericordiosos.

Santa Faustina, guia no caminho da cruz de Jesus,
rogai por nós.
Santa Faustina, que encontra Jesus nos santos sacramentos,
rogai por nós.
Santa Faustina, unida ao Esposo de sua alma, rogai por nós.
Santa Faustina, iluminada pela misericórdia de Deus na vida de Maria, rogai por nós.

Rogai por nós, Santa Faustina,
para que, com a nossa vida e palavra, proclamemos
ao mundo a mensagem da Misericórdia.

Jesus, eu confio em Vós!

DIA 282 com a DIVINA MISERICÓRDIA — **9 de outubro**

Santa Faustina a Jesus

"Entrego-Vos todo o meu ser, transformai-me em Vós e tornai-me capaz de cumprir em tudo a Vossa santa vontade, correspondendo ao Vosso amor." (Diário, 832)

Seguindo vosso exemplo, Santa Faustina, desejo propagar ao mundo a mensagem da Misericórdia com minha vida e palavra, para que ela chegue a todas as pessoas e encha seus corações de esperança. Que também em minha vida se cumpra a promessa de Jesus.

Santa Faustina, amante da Igreja, Corpo Místico de Cristo, rogai por nós.
Santa Faustina, forte na fé verdadeira, rogai por nós.
Santa Faustina, perseverante na esperança inabalável, rogai por nós.
Santa Faustina, chama ardente de amor, rogai por nós.

Rogai por nós, Santa Faustina,
para que, com a nossa vida e palavra, proclamemos ao mundo a mensagem da Misericórdia.

Jesus, eu confio em Vós!

DIA 283 com a DIVINA MISERICÓRDIA — 10 de outubro

Reflexão de Santa Faustina
"Só na eternidade conheceremos o grande mistério que realiza em nós a Santa Comunhão. Ó momentos mais preciosos da vida!"
(Diário, 840)

Santa Faustina, convosco quero suplicar a misericórdia para o mundo inteiro, especialmente para os pecadores, para os sacerdotes e religiosos. Que estes, chegando a uma vida santa, conduzam o povo de Deus pelos caminhos da salvação.

Santa Faustina, admirável na autêntica humildade, rogai por nós.
Santa Faustina, simples na confiança filial, rogai por nós.
Santa Faustina, modelo de cumprimento da vontade de Deus, rogai por nós.
Santa Faustina, exemplo de serviço e sacrifício, rogai por nós.

Rogai por nós, Santa Faustina.
para que, com a nossa vida e palavra, proclamemos ao mundo a mensagem da Misericórdia.

Jesus, eu confio em Vós!

DIA 284 com a DIVINA MISERICÓRDIA — *11 de outubro*

Santa Faustina a Jesus
"O amor e o sofrimento andam juntos e, no entanto, eu não trocaria essa dor, causada por Vós, por qualquer outro tesouro (...)." (Diário, 843)

Santa Faustina, alcançai-me a graça de uma fé viva, para que cada sacramento seja um lugar privilegiado do encontro com o Senhor Jesus e a Eucaristia, o centro de toda a histência transformando minha vida em amor.

Santa Faustina, protetora cuidadosa das almas dos sacerdotes e religiosos, rogai por nós.
Santa Faustina, defensora dos jovens e crianças contra o mal, rogai por nós.
Santa Faustina, esperança dos caídos e dos desesperados, rogai por nós.

Rogai por nós, Santa Faustina, para que, com a nossa vida e palavra, proclamemos ao mundo a mensagem da Misericórdia.

Jesus, eu confio em Vós!

DIA 285 com a DIVINA MISERICÓRDIA — *12 de outubro*

Santa Faustina a Jesus
"Jesus, Amor eterno, por Vós vivo,
por Vós morro e Convosco desejo unir-me."
(Diário, 853)

Santa Faustina, mais fiel filha da Mãe de Misericórdia, escondei-me debaixo de seu manto, para que me conduza a Jesus. Ensinai-me a participar da vossas missão de mostrar ao mundo a misericórdia do Pai celestial. Desejo – como Maria – dar aos homens a Misericórdia Encarnada e preparar o mundo para a segunda vinda de Jesus Cristo. Amém.

Santa Faustina, consolo dos enfermos e sofredores, rogai por nós.
Santa Faustina, promotora de confiança nos corações agonizantes, rogai por nós.
Santa Faustina, oferta sacrifical pelos pecadores, rogai por nós.

Rogai por nós, Santa Faustina, para que, com a nossa vida e palavra, proclamemos ao mundo a mensagem da Misericórdia.

Jesus, eu confio em Vós!

DIA 286 com a DIVINA MISERICÓRDIA — 13 de outubro

Santa Faustina a Jesus
"Ó Jesus, fazei de mim o que quiserdes!"
(Diário, 854)

Agradecido pelos dons da Divina Misericórdia presentes na Santa Igreja, desejo, como Santa Faustina, aproveitá-los para me tornar santo e, assim, atrair outras almas à fonte da misericórdia de Deus.

Santa Faustina, preocupada com a salvação de todas as pessoas, rogai por nós.
Santa Faustina, advogada das almas que sofrem no Purgatório, rogai por nós.
Santa Faustina, que implora a misericórdia de Deus para o mundo inteiro, rogai por nós.

Rogai por nós, Santa Faustina, para que, com a nossa vida e palavra, proclamemos ao mundo a mensagem da Misericórdia.

Jesus, eu confio em Vós!

Textos de 5 a 13 de outubro baseados em http://www.milosierdzieboze.pl/nowenna.php?text=79

DIA 287 com a DIVINA MISERICÓRDIA — *14 de outubro*

Santa Faustina a Jesus

"Deposito tudo em Vossas mãos, ó meu Senhor e meu Deus. Único Guia da minha alma, guiai-me de acordo com os Vossos eternos desígnios." (Diário, 858)

O AMOR, POR SÃO JOÃO PAULO II

Anunciai ao mundo a "Boa-Nova" da pureza do coração e, com o exemplo da vossa vida, transmiti a mensagem da civilização do amor. Conheço a vossa sensibilidade à verdade e à beleza... A coragem da fé tem um preço muito elevado, mas vós não podeis perder o amor! Não permitais que alguém vos torne escravos! Não vos deixeis seduzir pelas ilusões da felicidade, pelas quais deveríeis pagar um preço demasiado elevado, o preço de feridas por vezes incuráveis ou até de uma vida despedaçada!

Homilia, 12 de junho de 1999

ORAÇÃO

Deus, nosso Pai, a fim de voltarmos para vós, devemos encontrar vossa misericórdia, vosso paciente amor, que em Vós não conhece limites. Infinita é a vossa prontidão em perdoar os nossos pecados, assim como inefável é o sacrifício de vosso Filho. Com confiança pedimos, pela intercessão de São João Paulo II, que nos concedais esta graça... Por Cristo, nosso Senhor. Amém.

DIA 288 com a DIVINA MISERICÓRDIA — 15 de outubro

Reflexão de Santa Faustina

"Há momentos na vida em que a alma só encontra alívio numa profunda oração."
(Diário, 860)

A VERDADE, POR SÃO JOÃO PAULO II

Cristo diz: "Conhecereis a verdade e a verdade vos libertará." Das palavras do Evangelho, estas certamente estão entre as mais importantes. Elas se referem, na verdade, ao homem todo. Explicam a base sobre a qual são construídos a partir de dentro, na dimensão do espírito humano, a dignidade e a grandeza próprias do homem. O conhecimento que liberta o homem não depende apenas da instrução, mesmo que seja na faculdade; também o pode possuir um analfabeto; mas esta instrução, como conhecimento sistemático da realidade, deve servir a essa dignidade e grandeza. Portanto, deveria servir à verdade.

*Carta apostólica aos jovens do mundo,
por ocasião do Ano Internacional da Juventude, 1985*

ORAÇÃO

Deus, nosso Pai, diante da Igreja do terceiro milênio se abre o vasto oceano de desafios do mundo moderno. Crendo em Vós, colocando a esperança em Cristo, desejamos imitá-lo e experimentar o milagre de uma pesca abundante. Vinde em auxílio de todos os cristãos da nossa geração, para nos lançarmos nas profundezas da verdade, do bem e da beleza. Fazei do nosso Santo Papa João Paulo II o patrono da nova evangelização, e por sua intercessão concedei-nos esta graça... Por Cristo, nosso Senhor. Amém.

DIA 289 com a DIVINA MISERICÓRDIA **16 de outubro**

Jesus a Santa Faustina

"Amo a Polônia de maneira especial e, se ela for obediente à Minha vontade, Eu a elevarei em poder e santidade. Dela sairá a centelha que preparará o mundo para a Minha Vinda derradeira." (Diário, 1732)

A PESSOA, POR SÃO JOÃO PAULO II

"Deus, de fato, amou de tal modo o mundo, que lhe deu o Seu filho unigênito, para que todo o que nele crer não pereça, mas tenha a vida eterna" (João 3,16). (...) E por meio do Filho-Verbo, que se fez homem, (...) Deus entrou na história da humanidade, (...) um dos milhares de milhões e, ao mesmo tempo, Único! (...) Nesta dimensão o homem reencontra a grandeza, a dignidade e o valor próprios da sua humanidade. No mistério da Redenção o homem é novamente "reproduzido" e, de algum modo, é novamente criado. Ele é novamente criado! (...) O homem que quiser compreender-se a si mesmo profundamente (...) deve (...) aproximar-se de Cristo.

Carta encíclica Redemptor hominis

ORAÇÃO

Deus, nosso Pai, Vós sois amor e nos amastes primeiro. Vosso filho se tornou homem para a nossa salvação e, revelando a seus irmãos e irmãs a verdade sobre o amor, permitiu-lhes compreender a si mesmos e descobrir o sentido de sua própria existência. Nós vos pedimos que, por São João Paulo II, defensor incansável da dignidade humana, bom pastor em busca de almas perdidas na confusão da vida e mergulhadas no desespero, nos concedais esta graça... Por Cristo, nosso Senhor. Amém.

DIA 290 com a DIVINA MISERICÓRDIA — **17 de outubro**

Reflexão de Santa Faustina
"É pela oração que a alma se arma
para toda espécie de combate." (Diário, 146)

A FAMÍLIA, POR SÃO JOÃO PAULO II

Dentre essas numerosas estradas, a primeira e a mais importante é a família: uma via comum, mesmo se permanece particular, única e irrepetível, como irrepetível é cada homem; uma via da qual o ser humano não pode separar-se. Com efeito, normalmente ele vem ao mundo no seio de uma família, podendo-se dizer que a ela deve o próprio fato de existir como homem. Quando falta a família logo à chegada da pessoa ao mundo, acaba por criar-se uma inquietante e dolorosa carência que pesará depois sobre toda a vida. A Igreja une-se com afetuosa solicitude a quantos vivem tais situações, porque está bem ciente do papel fundamental que a família é chamada a desempenhaR.

Carta às famílias Gratissimam sane

ORAÇÃO

Deus, nosso Pai, vosso eterno plano de salvação atingiu a sua plenitude quando o vosso Amado Filho veio ao mundo através da Sagrada Família, santificando por Seu nascimento toda família humana. Confiamos a Vós nossas famílias e todas as famílias em todo o mundo. Que a oração seja uma parte de suas vidas, bem como o amor puro, o respeito à vida e uma saudável preocupação pela juventude. Pedimo-vos humildemente, por intercessão do Santo Papa João Paulo II, defensor incansável dos direitos da família, que possamos ser fortalecidos pela graça... Por Cristo, nosso Senhor. Amém.

DIA 291 com a DIVINA MISERICÓRDIA — 18 de outubro

Reflexão de Santa Faustina

"Nos sofrimentos e tormentos refugiar-me no Sacrário e calar-me." (Diário, 861)

A JUVENTUDE, POR SÃO JOÃO PAULO II

Verdadeiramente, o Senhor realizou maravilhas em vós! Destas "maravilhas", queridos jovens, deveis ser sempre testemunhas coerentes e valorosas em vosso ambiente, entre vossos coetâneos, em todas as circunstâncias de vossa vida. "Deixai-vos conduzir pelo Espírito"! (Gal 5, 16). Deixai que o Espírito de sabedoria e inteligência, de conselho e fortaleza, de conhecimento, piedade e temor do Senhor (cf. Is 11, 2) penetre em vossos corações e vossas vidas e, por meio de vós, transforme a face da terra... Revesti-vos da força que brota dele, convertei-vos em construtores de um mundo novo: um mundo diferente, fundado na verdade, na justiça, na solidariedade e no amor. Queridos amigos... Recebei o Espírito Santo e sede fortes!

Homilia de 15 de agosto de 1991

ORAÇÃO

Deus, nosso Pai, desde nossa juventude nos chamastes para Vos seguir. Em Vosso Filho, a juventude tem um Mestre, que nos ensina como desenvolver, com paciência e persistência, uma nova pessoa em nós, para descobrirmos nossa própria vocação e efetivamente construirmos a civilização do amor. Pedimos a Vós por nossa juventude, para que não se deixe escravizar por desejos cegos e decepções amorosas. Que São João Paulo II, que procurou o jovem e reciprocamente os amou, seja para eles um modelo e patrono, e por sua intercessão Vos pedimos esta graça... Por Cristo, nosso Senhor. Amém.

DIA 292 com a DIVINA MISERICÓRDIA — 19 de outubro

Reflexão de Santa Faustina

"No exame de consciência da noite fazer-me a pergunta: 'E se me chamasse hoje?'" (Diário, 861)

O PECADO, POR SÃO JOÃO PAULO II

Mediante o fato de chamar o mal por seu verdadeiro nome, de certo modo rompo com ele, mantenho-o a certa distância de mim, ainda quando ao mesmo tempo sei que este mal, o pecado, não deixa de ser meu pecado. Mas mesmo quando meu pecado é contra Deus, Deus não está contra mim. No momento da tensão interior da consciência humana, Deus não proclama sua sentença. Não condena. Deus espera que eu me volte para Ele como à justiça amorosa, como ao Pai, da forma que mostra a parábola do filho pródigo. Para que lhe "revele" o pecado. E me confie a Ele. Deste modo, do exame de consciência passamos ao que constitui a própria substância da conversão e da reconciliação com Deus.

Ângelus, 23 de fevereiro de 1986

ORAÇÃO

Deus, nosso Pai, o pecado é um aguilhão que causa dor e mata a graça santificante. O sofrimento, em vosso conceito de salvação, é o caminho que conduz a Vós. O Vosso Filho, por meio de sua paixão e morte na cruz, tomou sobre Si todo o mal do pecado e deu ao sofrimento um significado totalmente novo, introduzindo-o na ordem do amor. Em nome desse amor, que foi capaz de assumir sofrimentos sem culpa, nós vos pedimos, por intercessão de São João Paulo II, que ao servir o povo de Deus foi marcado com os estigmas da dor, esta graça especial... Por Cristo, nosso Senhor. Amém.

DIA 293 com a DIVINA MISERICÓRDIA — **20 de outubro**

Reflexão de Santa Faustina
"Não procurar a Deus longe, mas conviver com Ele a sós no meu próprio interior." (Diário, 861)

MARIA, POR SÃO JOÃO PAULO II

Mãe da Igreja! Mais uma vez me consagro a Ti "na Tua materna escravidão de amor". "Totus Tuus"! Sou todo Teu! Consagro-Te toda a Igreja – em toda a parte até aos extremos confins da terra! Consagro-Te a Humanidade! Consagro-Te todos os homens, meus irmãos. Todos os Povos e Nações. Mãe, aceita! Mãe, não nos abandones! Mãe, guia-nos Tu!

Primeira peregrinação apostólica à Polônia, Czestochowa, 06 de junho de 1979

ORAÇÃO

Deus, nosso Pai, Maria, Mãe de vosso Filho, escutai a nossa prece: "Advogada nossa, estes vossos olhos misericordiosos a nós volvei, e depois deste desterro, mostrai-nos Jesus, bendito fruto do vosso ventre. Ó clemente, ó piedosa, ó doce sempre Virgem Maria!" Damos graças pelo Santo Papa João Paulo II, totalmente dedicado a Maria, com fidelidade e até o final cumprindo a missão que lhe fora dada pelo Ressuscitado; aceitai os frutos de sua vida e serviço, concedendo-nos por sua intercessão esta graça... Por Cristo, nosso Senhor. Amém.

DIA 294 com a DIVINA MISERICÓRDIA **21 de outubro**

Jesus a Santa Faustina

"Minha filha, desejo descansar no teu coração, pois muitas almas expulsaram-Me hoje de seus corações, e senti uma tristeza mortal." (Diário, 866)

A EUCARISTIA, POR SÃO JOÃO PAULO II

A Igreja vive da Eucaristia. Esta verdade não exprime apenas uma experiência diária de fé, mas contém em síntese o próprio núcleo do mistério da Igreja. É com alegria que ela experimenta, de diversas maneiras, a realização incessante desta promessa: "Eu estarei sempre convosco, até ao fim do mundo" (Mt 28, 20); mas, na Sagrada Eucaristia, pela conversão do pão e do vinho no corpo e no Sangue do Senhor, goza desta presença com uma intensidade sem par...

É esta verdade que desejo recordar mais uma vez, colocando-me convosco, meus queridos irmãos e irmãs, em adoração diante deste Mistério: mistério grande, mistério de misericórdia. Que mais poderia Jesus ter feito por nós? Verdadeiramente, na Eucaristia demonstra-nos um amor levado até ao "extremo" (cf. Jo 13, 1), um amor sem medida.

Carta encíclica Ecclesia de Eucharistia

ORAÇÃO

Deus, nosso Pai: vosso Filho nos amou até ao fim e permaneceu conosco na Eucaristia. Que o Amém que dizemos na presença do Corpo e Sangue de nosso Senhor nos disponha a um serviço humilde aos irmãos que têm fome de amor. Que sejais louvado no brilhante exemplo desse amor, como demonstrado pelo Papa São João Paulo II. Uma vez que a comunhão com a Igreja dos redimidos no céu é expressa e fortalecida na Eucaristia, concedei-nos por sua intercessão esta graça... Por Cristo, nosso Senhor. Amém.

A 295 com a DIVINA MISERICÓRDIA — 22 de outubro

Reflexão de Santa Faustina

"Uma alma deve ser fiel à oração, não obstante as tribulações, a aridez e as tentações, porque da oração antecipada depende talvez a realização de grandes desígnios." (Diário, 872)

A MISERICÓRDIA, POR SÃO JOÃO PAULO II

O homem – cada um dos homens – é este filho pródigo: fascinado pela tentação de se separar do Pai para viver de modo independente a própria existência; caído na tentação; desiludido do nada que, como miragem, o tinha deslumbrado; sozinho, desonrado e explorado no momento em que tenta construir um mundo só para si; atormentado, mesmo no mais profundo da própria miséria, pelo desejo de voltar à comunhão com o Pai. Como o pai da parábola, Deus fica à espreita do regresso do filho, abraça-o à sua chegada e põe a mesa para o banquete do novo encontro, com que se festeja a reconciliação.

Exortação apostólica Reconciliatio et penitente

ORAÇÃO

Maria, Mãe de misericórdia, concedei que a esperança que colocamos em vosso Filho, nosso Redentor, permaneça sempre viva. E vós, Santa Faustina, ajudai-nos também quando repetirmos convosco, olhando corajosamente para a face do divino Redentor, as palavras: "Jesus, eu confio em Vós. Hoje e para sempre." Amém.

http://totusmariae.org/novenas/sao-joao-paulo-ii/
http://jpdwa.blogspot.com.br/2011/03/nowenna-do-jana-pawa-ii.html

DIA 296 com a DIVINA MISERICÓRDIA — 23 de outubro

Reflexão de Santa Faustina

"E, se não perseveramos nessa oração, transtornamos o que Deus queria realizar através de nós, ou em nós." (Diário, 872)

#PAPAFRANCISCO

Confiaremos a vida da Igreja, a humanidade inteira e o universo imenso à Realeza de Cristo, para que derrame a sua misericórdia, como o orvalho da manhã, para a construção duma história fecunda com o compromisso de todos no futuro próximo. Quanto desejo que os anos futuros sejam permeados de misericórdia para ir ao encontro de todas as pessoas levando-lhes a bondade e a ternura de Deus! A todos, crentes e afastados, possa chegar o bálsamo da misericórdia como sinal do Reino de Deus já presente no meio de nós.

(Misericordiae vultus, 5)

DIA 297 com a DIVINA MISERICÓRDIA — 24 de outubro

Santa Faustina a Jesus

"Jesus, dai-me a força e sabedoria para que eu atravesse esse terrível deserto (...) " (Diário, 885)

A 298 com a DIVINA MISERICÓRDIA — 25 de outubro

Santa Faustina a Jesus
"Jesus, Vós me dais a conhecer e compreender em que consiste a grandeza da alma: não em grandes ações, mas em um grande amor." (Diário, 889)

#ObrasdeMisericórdiaCorporais
As obras de misericórdia são ações de caridade pelas quais socorremos o nosso próximo em suas necessidades espirituais e corporais.

Acolher o forasteiro

Nos tempos antigos, abrigar estranhos era uma questão de vida ou morte, porque as viagens eram muito complicadas e arriscadas. Nem sempre é esse o caso hoje. Mesmo assim, devemos buscar oportunidades de oferecer lugar em nossas casas não apenas como demonstração de hospitalidade a um membro da família ou amigo, mas também a alguém em necessidade real.

DIA 299 com a DIVINA MISERICÓRDIA — 26 de outubro

Reflexão de Santa Faustina
"O amor de Deus torna a alma livre." (Diário, 890)

#ObrasdeMisericórdiaCorporais
As obras de misericórdia são ações de caridade pelas quais socorremos
o nosso próximo em suas necessidades espirituais e corporais.

Acolher o forasteiro.

ORAÇÃO

Ó Deus, oramos para que possamos estar aberto
para o Teu movimento em nossos coraçõe
Para que possamos ouvir as história
dos outros e sermos inspirado
Para que possamos ver o sofriment
dos outros e sermos misericordioso
Para que possamos compreender os outros
andarmos junto
Desse modo, com a ajuda de Cristo, que nos ensino
a amar, possamos fazer a nossa parte para torna
real o Teu Rein
Por Cristo, nosso Senhor. Amén

A 300 com a DIVINA MISERICÓRDIA — 27 de outubro

Reflexão de Santa Faustina

"O silêncio é uma linguagem tão poderosa que atinge o Trono do Deus vivo. O silêncio é a Sua palavra, embora oculta, mas poderosa e viva." (Diário, 888)

#OBRASDEMISERICÓRDIACORPORAIS

As obras de misericórdia são ações de caridade pelas quais socorremos o nosso próximo em suas necessidades espirituais e corporais.

Para acolher o forasteiro ou para abrigar os sem-teto

A hospitalidade é um ato de misericórdia. A hospitalidade é a aceitação radical de outra pessoa. Congratular-se com o desconhecido é um ato de respeito mútuo, uma interação de esperança. A Sagrada Família procurou abrigo quando do nascimento de Jesus. Cada pessoa merece ser protegida e ter um lugar para descansar, para estar física e emocionalmente restaurada.

A 301 com a DIVINA MISERICÓRDIA — 28 de outubro

Reflexão de Santa Faustina

"Como é belo viver consciente de que tudo o que eu faço é agradável ao Senhor." (Diário, 894)

#OBRASDEMISERICÓRDIACORPORAIS

As obras de misericórdia são ações de caridade pelas quais socorremos o nosso próximo em suas necessidades espirituais e corporais.

Para acolher o forasteiro ou para abrigar os sem-teto

Minha experiência me mostra que as pessoas estão desabrigadas por causa do trauma que enfrentaram na vida. São idosos que, sofrendo com os efeitos da guerra, vagueiam nas ruas, jovens humilhados diante dos pais e irmãos que tentam fazer o seu caminho para uma vida melhor, pessoas que padecem da dependência química e, por isso, não têm a estabilidade emocional para manter um emprego ou estabelecer um lar...

DIA 302 com a DIVINA MISERICÓRDIA — 29 de outubro

Santa Faustina a Jesus
"Ó meu Jesus, (...) dai-me força para lutar, porque sem Vós nada consigo fazer. Dai-me forças porque Vós tudo podeis." (Diário, 898)

Coram Deo – Diante de Deus

Proclamar o Evangelho é uma tarefa dada a todo e qualquer cristão, mas dificilmente conseguimos pregar a Boa-nova se não conhecemos descrentes. Quantos não cristãos você conhece? Se não tem contato com nenhum, busque oportunidades para conhecer um vizinho, um colega de trabalho... Nesta semana, compartilhemos o Evangelho com pelo menos uma pessoa que não conhece o Salvador.

DIA 303 com a DIVINA MISERICÓRDIA — 30 de outubro

Diálogo entre Santa Faustina e Jesus
"Respondi: 'Vós sabeis de tudo, ó Senhor.' E respondeu-me Jesus: 'Sim, Eu sei, porém, tu não te deves escusar pelo fato de Eu saber, mas com a simplicidade de uma criança fala-Me de tudo (...)." (Diário, 921)

E como o proclamarão, se não houver enviados? Assim é que está escrito:

"QUÃO BENVINDOS OS PÉS DOS QUE ANUNCIAM BOAS-NOVAS!"
ROMANOS 10, 15

A 304 com a DIVINA MISERICÓRDIA — **31 de outubro**

Reflexão de Santa Faustina
"A alma deve rezar, por um bom tempo, pedindo ao Senhor um diretor espiritual, e pedir a Deus que Ele mesmo se digne escolhê-lo." (Diário, 938)

Como não sentir vibrar no nosso coração as palavras que remetem à missão de Paulo como anunciador da Palavra divina: "Faço tudo por causa do Evangelho" (1 Coríntios 9, 23)?

11 novembro

Uma pergunta por mês para vermos o quanto Deus faz novas todas as coisas em nossas vidas ao longo dos anos

ESCREVA UMA VITÓRIA EM DEUS ALCANÇADA EM NOVEMBRO

Ano de 20....

Ano de 20....

Ano de 20....

Ano de 20....

QUEM REALIZA OBRAS DE MISERICÓRDIA NÃO TEM MEDO DA MORTE.
PAPA FRANCISCO - @PONTIFEX_

DIA 305 com a DIVINA MISERICÓRDIA — 1º de novembro

Jesus a Santa Faustina
"Vive a Minha presença, pede o auxílio de Minha Mãe e dos Santos." (Diário, 1560)

SÃO JOÃO PAULO II, O PAPA DA MISERICÓRDIA

A vida cristã consiste em caminhar aqui em baixo, mas com o coração voltado para o Alto, para a Casa do Pai do céu. Assim caminharam os santos e assim, em primeiro lugar, fez a Virgem Mãe do Senhor. O Jubileu chama-nos a esta dimensão essencial da santidade: a condição de peregrinos, que procuram em cada dia o Reino de Deus, confiando na divina Providência. Esta é a autêntica esperança cristã que não tem nada a ver com o fatalismo nem com a fuga da história. Pelo contrário, é estímulo para um compromisso concreto, olhando para Cristo, Deus feito homem, que nos abre o caminho do Céu.

Ângelus, 1º de novembro de 2000, Solenidade de Todos os Santos

DIA 306 com a DIVINA MISERICÓRDIA — 2 de novembro

Oração de Santa Faustina
"Eterno Pai, olhai com olhos de Misericórdia para as almas que sofrem no Purgatório e que estão encerradas no Coração compassivo de Jesus." (Diário, 1227)

Jesus, eu confio em Vós!

DIA 307 com a DIVINA MISERICÓRDIA — 3 de novembro

Reflexão de Santa Faustina

"Senti na alma uma tão grande fome de Deus que me parecia que estava morrendo de desejo de me unir a Ele."
(Diário, 1186)

#PAPAFRANCISCO

O Papa Francisco lança um convite à "esperança", a não se deixar deprimir nem assustar por uma realidade feita de "guerras e sofrimentos". Recordando como as grandes construções, ignorando Deus, estão destinadas a desabar: foi assim para a "malvada Babilônia", que caiu na corrupção da mundanidade espiritual. Foi assim também para a "distraída Jerusalém", que caiu por ser "suficiente" a si mesma, incapaz de se dar conta das visitas do Senhor. Assim, para o cristão, a atitude reta é sempre a "esperança", nunca a "depressão".

#AVITÓRIAÉNOSSA

Trecho do livro A VITÓRIA É NOSSA, capítulo 1:
Agora não é hora para parar e desistir.

DIA 308 com a DIVINA MISERICÓRDIA — **4 de novembro**

Reflexão de Santa Faustina
"Enquanto vivemos, o amor de Deus cresce em nós. Até à morte devemos procurar o amor a Deus." (Diário, 1191)

EM TEMPOS DE ESPERA, NÃO ESQUEÇA: DEUS CUMPRE SUAS PROMESSAS

Quando estamos no meio de uma espera, pode ser muito difícil entender por que Deus aparentemente não está respondendo nossas orações. No entanto, quando olhamos para trás, podemos ver por que Ele nos fez esperar. "Deus não mente como o ser humano, nem se arrepende ao modo dos humanos. Pode dizer e não fazer, pode prometer e não cumprir?" (Números 23, 19). "Enquanto ele ainda estava falando, veio da casa do governante alguns que disseram: 'Sua filha está morta. Não incomodes o Mestre ainda mais.' Mas, ouvindo o que eles disseram, Jesus disse ao chefe da sinagoga: 'Não temas, crê somente'" (Marcos 5, 35-36).

#AVITÓRIAÉNOSSA

Trecho do livro A VITÓRIA É NOSSA, capítulo 5: Deus não está demorando, está caprichando.

DIA 309 com a DIVINA MISERICÓRDIA — 5 de novembro

Reflexão de Santa Faustina

"Quando a alma se sente fraca como uma criança, então se agarra com toda a força em Deus." (Diário, 944)

Em tempos de espera não esqueça: Deus ouve as suas orações

Quando estamos passando por tempos difíceis e estamos preocupados com o nosso futuro, não esqueçamos que Deus está sempre ao nosso lado. Ele sente compaixão quando estamos com dor e Ele entende o que estamos passando. Pode parecer que Deus está em silêncio, mas é que Ele está trabalhando em nosso favor. "Os olhos do Senhor estão sobre os justos. E os seus ouvidos, atentos ao seu clamor" (Salmos 34, 15). "O Senhor está longe dos ímpios, mas Ele ouve a oração dos justos" (Provérbios 15, 29). "Se meu povo que se chama pelo meu nome se humilhar, e orar, e buscar a minha face e se converter dos seus maus caminhos, então eu ouvirei dos céus, e perdoarei os seus pecados e sararei a sua terra. Ora, os meus olhos estarão abertos e meus ouvidos atentos à oração que se fizer neste lugar" (2 Crônicas 7, 14-15).

#AVITÓRIAÉNOSSA

Trecho do livro A VITÓRIA É NOSSA, capítulo 5: Deus não está demorando, está caprichando.

DIA 310 com a DIVINA MISERICÓRDIA — *6 de novembro*

Reflexão de Santa Faustina

"A paciência, a oração e o silêncio – eis o que fortalece a minha alma." (Diário, 944)

Em tempos de espera não esqueça: Deus quer te abençoar

Às vezes nos esquecemos disso. Esquecemo-nos de sua graça. O favor imerecido de Deus é demonstrado livremente em relação a nós. Nós não merecemos as bênçãos de Deus. "A partir da plenitude todos nós recebemos bênção após benção, graça após graça" (João 1,16). Mas Deus gosta de abençoar seus filhos e quer abençoá-los. "Terei prazer abençoando-os, fazendo-lhes o bem, felizes. Eu os plantarei de verdade nesta terra, com todo o meu coração e toda a minha alma" (Jeremias 32, 41). Deus promete abençoar você, se você seguir as suas instruções. "Você vai experimentar todas estas bênçãos se obedecer, fielmente ao Senhor teu Deus, se escutar sua voz: Você será abençoado em suas cidades e em seu país. Você será abençoado com muitas crianças e campos produtivos. Você será abençoado com rebanhos férteis. Você será abençoado com cestas transbordando com frutas, e com amassadeiras cheias de pão. Você será abençoado onde quer que vá, tanto no entrar quanto no sair. O Senhor vai conquistar seus inimigos quando eles atacarem você... E o Senhor abençoará tudo que você faz e vai encher os seus celeiros de grãos" (Deuteronômio 28, 2-8).

#AVITÓRIAÉNOSSA

Trecho do livro A VITÓRIA É NOSSA, capítulo 5:
Deus não está demorando, está caprichando.

DIA 311 com a DIVINA MISERICÓRDIA — **7 de novembro**

Santa Faustina a Jesus
"Ó meu Jesus, suplico-Vos, permanecei comigo em todos os momentos." (Diário, 954)

ORE...

Senhor, Tu sabes como esperar é difícil para mim. Por favor, dá-me a paciência de que eu preciso para aguardar os teus desígnios, que são retos e perfeitos. Quando eu estiver tentando fazer algo acontecer, fala ao meu coração e me faz lembrar que agir com afobação pode me fazer perder o melhor que tens preparado para mim. Ajuda-me a esperar com boa vontade, pois não é apenas um período que tenho que percorrer até conseguir o que quero. Esse é o meu processo de me tornar o que o Senhor quer que eu seja. Obrigado por todas as bênçãos que o Senhor tem derramado sobre mim!

#AVITÓRIAÉNOSSA

Trecho do livro A VITÓRIA É NOSSA, capítulo 5: Deus não está demorando, está caprichando.

DIA 312 com a DIVINA MISERICÓRDIA — 8 de novembro

Jesus a Santa Faustina
"Não te canses de rezar pelos pecadores. Tu sabes quanto suas almas pesam em Meu Coração." (Diário, 975)

"SURPRESAS?"

Deus sempre surpreende, mas Ele nunca decepciona. Deus nunca vai decepcioná-lo. Salmo 57, 2: "Eu clamo ao Deus Altíssimo, ao Deus que vai cumprir o Seu propósito para mim/ ao Deus que faz tudo por mim/ o Deus que me completa seus favores." O autor de Provérbios diz que "nós podemos fazer nossos planos/ planejar nossos caminhos, mas o Senhor determina/ dirige os nossos passos". (16, 9). A vontade de Deus para nós é perfeita. Ele nunca faz nada por acaso e nem comete erros. A Bíblia nos diz muitas vezes que Deus tem prazer em abençoar seus filhos com a sua bondade, fidelidade e amor. Ele permanece fiel, irá abrir as portas para nós de bênçãos que nunca imaginamos e vai levar-nos sempre à frente, ao melhor.

#AVITÓRIAÉNOSSA

Trecho do livro A VITÓRIA É NOSSA, capítulo 6: Uma benção que não podemos imaginar.

DIA 313 com a DIVINA MISERICÓRDIA — **9 de novembro**

Reflexão de Santa Faustina

"Sinto que nada me separará do Senhor, nem o Céu, nem a Terra, nem o presente, nem o futuro; tudo pode mudar, mas o amor nunca, nunca: ele é sempre o mesmo." (Diário, 947)

Os caminhos de Deus são surpreendentes, porque os Seus caminhos não são os nossos caminhos. Vamos com Deus... Ele cumprirá de forma surpreendente seus propósitos e sua soberana vontade... Ele nos ama incondicionalmente... Ele responde, a seu tempo, a nossa oração...

Portanto, não nos assustemos com o que vai acontecer. Surpresas de Deus vão acontecer a qualquer momento. Pode ser uma resposta às orações de muitos anos atrás... Efésios 3, 20 diz: "Seu poder que opera em nós pode fazer muito mais do que pedimos ou pensamos."

#AVITÓRIAÉNOSSA

Trecho do livro A VITÓRIA É NOSSA, capítulo 6:
Uma benção que não podemos imaginar.

DIA 314 com a DIVINA MISERICÓRDIA — 10 de novembro

Reflexão de Santa Faustina
"A existência do mundo é sustentada pelas almas eleitas (...)." (Diário, 1434)

"MISERICORDIANDO" COM O PAPA FRANCISCO

"Não esqueçamos de que Deus é o Deus da Lei, mas ele é (também) o Deus de surpresas. Deus reserva "surpresas" para o seu povo, nele tudo é sempre novo: ele nunca se contradiz, nunca diz que o que ele disse estava errado, mas ele sempre nos surpreende. Não esqueçamos que somos um povo em uma viagem. Em uma viagem! E quando partimos em uma jornada, quando estamos em um caminho, nós sempre descobrir coisas novas, coisas que nós não sabemos. Não é absoluta em si (mas é) o caminho em direção a manifestação definitiva do Senhor. A vida é uma jornada em direção a plenitude de Jesus Cristo."

225

#AVITÓRIAÉNOSSA

Trecho do livro A VITÓRIA É NOSSA, capítulo 6: Uma benção que não podemos imaginar.

DIA 315 com a DIVINA MISERICÓRDIA — **11 de novembro**

Reflexão de Santa Faustina
"Aproveitar os momentos livres, ainda que curtos, para rezar pelos agonizantes." (Diário, 861)

ORE AO "DEUS DE SURPRESAS"...

Ó Deus de Surpresas, me encantas, convidando-me a aceitar presentes ainda não imaginados.
Ó Deus da Transformação, me chamas, abrindo-me à renovação contínua.
Ó Deus de Justiça, me confrontas, desafiando-me a ver o mundo através dos teus olhos.
Ó Deus da Abundância, me asseguras, empurrando-me em direção a uma confiança mais profunda.
Ó Deus do Abraço, me envolves, rodeando-me com amor em tua casa.
Ó Deus da Esperança, me abençoas, encorajando-me com os frutos da fé.
Ó Deus do Acolhimento, me convidas, aconchegando-me mais perto de ti.
Ó Deus que está presente em mim, despertando-me para as tuas coisas, desígnios e projetos.
Ó Deus, fica comigo hoje e sempre.
Amém.

Jesus, eu confio em Vós!

#AVITÓRIAéNOSSA

Trecho do livro A VITÓRIA É NOSSA, capítulo 6:
Uma benção que não podemos imaginar.

DIA 316 com a DIVINA MISERICÓRDIA — **12 de novembro**

Reflexão de Santa Faustina

"Não é grande coisa amar a Deus na prosperidade e agradecer-Lhe quando tudo vai bem, mas antes bendizê-Lo em meio às maiores adversidades e amá-Lo, por Ele mesmo, n'Ele colocando a esperança." (Diário, 995)

Características da fidelidade de Deus

Deus realiza o que promete

"Deus não é homem, para que minta. Nem filho do homem, para que se arrependa. Porventura, tendo Ele prometido, não o fará? Ou tendo falado, não o cumprirá?" (Números 23, 19).

Deus promete em sua Palavra. Ele promete solenemente, e como se fosse por juramento, em seus acordos – por exemplo, com Noé, com Abraão, com Moisés e Israel, com a nova aliança selada pelo sangue de Cristo. A fidelidade de Deus implica em que ele não vai desmentir essas promessas.

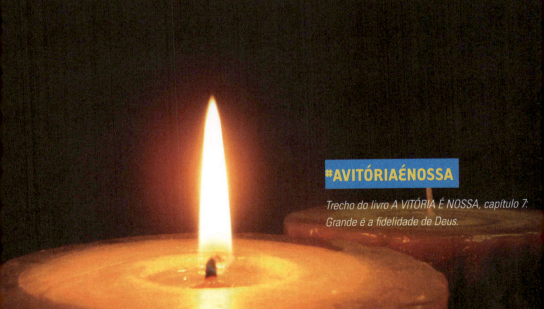

#AVITÓRIAÉNOSSA

Trecho do livro A VITÓRIA É NOSSA, capítulo 7: Grande é a fidelidade de Deus.

DIA 317 com a DIVINA MISERICÓRDIA — 13 de novembro

Reflexão de Santa Faustina

"O amor esconde-se sob a espécie de pão, (...) o amor ardente ocultou-O sob essas espécies." (Diário, 1002)

Características da Fidelidade de Deus
Deus é fiel em si mesmo

"Ele é o Rochedo! Perfeito é sua obra, e justos todos os seus caminhos! É Deus fiel, sem falsidade. Ele é justo e correto" (Deuteronômio 32, 4).

Sua consistência e imutabilidade são as razões de sua fidelidade. Porque ele é fiel em si mesmo, ele vai ser fiel a nós: "A misericórdia do Senhor permanece para sempre."

#AVITÓRIAéNOSSA

Trecho do livro A VITÓRIA É NOSSA, capítulo 7: Grande é a fidelidade de Deus.

DIA 318 com a DIVINA MISERICÓRDIA — *14 de novembro*

Reflexão de Santa Faustina

"(...) o Senhor, embora tão grande, ama as almazinhas humildes. Quanto mais profundamente uma alma se humilha, tanto mais bondosamente o Senhor se aproxima dela (...)." (Diário, 1092)

Características da Fidelidade de Deus

Deus considera a confiança de seus filhos

"TODAS AS VEREDAS DO SENHOR SÃO AMOR E VERDADE PARA QUEM OBSERVA SUA ALIANÇA E SEUS PRECEITOS" (SALMO 25, 10).

Fidelidade implica confiança. Se confiarmos nossas almas a Deus, como fiel Criador, ele aceita a nossa confiança e, assim, se compromete em não nos abandonar.

#AVITÓRIAÉNOSSA

Trecho do livro A VITÓRIA É NOSSA, capítulo 7: Grande é a fidelidade de Deus.

DIA 319 com a DIVINA MISERICÓRDIA · **15 de novembro**

Santa Faustina a Jesus
"Jesus (...), orientai-me Vós mesmo, porque Vós sabeis o que posso suportar." (Diário, 1118)

O desânimo é um ladrão. Ele rouba...

...sua alegria, sua paz, sua dedicação, seu contentamento, a sua vitalidade

#AVITÓRIAÉNOSSA

Trecho do livro A VITÓRIA É NOSSA, capítulo 8: Pai das misericórdias.

DIA 320 com a DIVINA MISERICÓRDIA — **16 de novembro**

Jesus a Santa Faustina
"Minha filha, deves saber que não concedo as Minhas graças a almas orgulhosas e até retiro aquelas que concedi."
(Diário, 1170)

PALAVRA PRA SUA VIDA
#AVITÓRIAÉNOSSA

"Bendito seja Deus, Pai de nosso Senhor Jesus Cristo, o Pai das Misericórdias e Deus de toda consolação. Ele nos consola em todas as nossas aflições, para que, com a consolação que nós mesmos recebemos de Deus, possamos consolar os que se acham em toda e qualquer aflição. Pois, à medida que os sofrimentos de Cristo crescem para nós, cresce também a nossa consolação por Cristo. Se passamos por aflição, é para vossa consolação e salvação; se somos consolados, é para vossa consolação. E essa consolação sustenta vossa constância em meio aos mesmos sofrimentos que nós também padecemos. E a nossa esperança a vosso respeito é firme, pois sabemos que, assim como participais dos nossos sofrimentos, participais também da nossa consolação" (1Coríntios 1, 3-7).

#AVITÓRIAÉNOSSA
Trecho do livro A VITÓRIA É NOSSA, capítulo 8: Pai das misericórdias.

DIA 321 com a DIVINA MISERICÓRDIA — 17 de novembro

Jesus a Santa Faustina
"O Meu olhar, nesta Imagem, é o mesmo que eu tinha na cruz." (Diário, 326)

#PaidasMisericórdias

Desde o começo da aliança, fala-se exclusivamente da misericórdia de Deus, no sentido de amor gratuito. E é algo que se faz sentir no coração. A partir do coração, Deus sente misericórdia por todos nós. Ele é o autor da misericórdia. Deus é o Deus das misericórdias: "Tu és bom, Senhor, e perdoas. És cheio de misericórdia para com todos que te invocam" (Sl 86, 5).

#AVITÓRIAéNOSSA

Trecho do livro A VITÓRIA É NOSSA, capítulo 8: Pai das misericórdias.

DIA 322 com a DIVINA MISERICÓRDIA — 18 de novembro

Santa Faustina a Jesus
"Ó Jesus, dai-nos sacerdotes zelosos e santos." (Diário, 940)

#PaidasMisericórdias

A misericórdia é, antes de mais nada, um dom de Deus a cada homem. Sua misericórdia para conosco traz a salvação, o perdão dos pecados e a libertação da condenação eterna... e isso por causa de Jesus, por causa de Sua entrega, por causa de Seu sangue derramado por nós. Essa é a grande novidade, sobretudo do Novo Testamento. Por isso, a pessoa de Jesus é o maior dom de Deus à humanidade pecadora, porque Ele é a encarnação da misericórdia de Deus. A misericórdia é o ato último e supremo pelo qual Deus vem ao nosso encontro.

#AVITÓRIAéNOSSA

Trecho do livro A VITÓRIA É NOSSA, capítulo 8: Pai das misericórdias.

DIA 323 com a DIVINA MISERICÓRDIA — 19 de novembro

Santa Faustina a Jesus

"Que a Vossa misericórdia, Jesus, fique gravada no meu coração e na minha alma como um selo, e isto será minha distinção nesta e na outra vida." (Diário, 1242)

"MISERICORDIANDO" COM O PAPA FRANCISCO

Graças a Jesus, Deus esquece os seus muitos pecados, não os recorda mais (cf. Is 43, 25). Porque também isto é verdade: quando Deus perdoa, esquece. É grande o perdão de Deus! Agora para ela começa uma nova fase; renasceu no amor e numa vida nova. A chamada de Jesus leva cada um de nós a nunca se deter na superfície das coisas, sobretudo quando estamos diante de uma pessoa. Somos chamados a olhar para além, a fixar o coração para ver de quanta generosidade cada um é capaz. Ninguém pode ser excluído da misericórdia de Deus; todos conhecem o caminho para aceder a ela e a Igreja é a casa que acolhe todos e não rejeita ninguém. As suas portas permanecem abertas, para que quantos são tocados pela graça possam encontrar a certeza do perdão. Quanto maior for o pecado maior deve ser o amor que a Igreja manifesta em relação àqueles que se convertem.

Celebração penitencial, 13 de março de 2015

#AVITÓRIAÉNOSSA

Trecho do livro A VITÓRIA É NOSSA, capítulo 8: Pai das misericórdias.

DIA 324 com a DIVINA MISERICÓRDIA — 20 de novembro

Jesus a Santa Faustina

"Sou o Rei da Misericórdia." (Diário, 88)

Jesus, eu confio em Vós!

DIA 325 com a DIVINA MISERICÓRDIA — 21 de novembro

Santa Faustina a Jesus

"A santa Virgem, esse Lírio branco como a neve,
é a primeira a bendizer o poder da Vossa misericórdia (...)." (Diário, 1746)

SALMO DE MISERICÓRDIA
SALMO 136, 1-8

Aleluia! Louvai o Senhor, pois ele é bom:
pois eterno é seu amor.
Louvai o Deus dos deuses: pois eterno é seu amor.
Louvai o Senhor dos senhores: pois eterno é seu amor.
Só ele fez grandes maravilhas: pois eterno é seu amor.
Criou os céus com sabedoria: pois eterno é seu amor.
Firmou a terra sobre as águas: pois eterno é seu amor.
Fez os grandes luminares: pois eterno é seu amor.
O sol para governar o dia: pois eterno é seu amor.

DIA 326 com a DIVINA MISERICÓRDIA — 22 de novembro

Santa Faustina a Jesus

"Ó Jesus, Deus eterno, agradeço-Vos pelas Vossas inúmeras graças e benefícios. Que cada batida do meu coração seja um novo hino de ação de graças para Convosco, ó Deus!" (Diário, 1794)

SALMO DE MISERICÓRDIA
SALMO 136, 9-16

A lua e as estrelas para governar a noite:
pois eterno é seu amor.
Feriu o Egito nos seus primogênitos:
pois eterno é seu amor.
Tirou Israel do meio deles: pois eterno é seu amor.
Com mão poderosa e braço estendido:
pois eterno é seu amor.
Dividiu o mar Vermelho em duas partes:
pois eterno é seu amor.
Fez Israel passar no seu meio: pois eterno é seu amor.
Lançou ao mar Vermelho o faraó e seu exército:
pois eterno é seu amor.
Guiou o seu povo no deserto: pois eterno é seu amor.

DIA 327 com a DIVINA MISERICÓRDIA — **23 de novembro**

Santa Faustina a Jesus

"Ó fonte de vida, insondável misericórdia de Deus, envolvei o mundo inteiro e derramai-Vos sobre nós." (Diário, 1319)

SALMO DE MISERICÓRDIA
SALMO 136, 17-26

Feriu grandes soberanos: pois eterno é seu amor.
Matou reis poderosos: pois eterno é seu amor.
Seon, rei dos amorreus: pois eterno é seu amor.
Og, rei de Basã: pois eterno é seu amor.
Deu como herança o país deles:
pois eterno é seu amor.
Como herança a seu servo, Israel:
pois eterno é seu amor.
Na nossa humilhação lembrou-se de nós:
pois eterno é seu amor.
Libertou-nos dos nossos inimigos:
pois eterno é seu amor.
Dá o alimento a todo ser vivo:
pois eterno é seu amor.
Louvai o Deus do céu: pois eterno é seu amor.

DIA 328 com a DIVINA MISERICÓRDIA — 24 de novembro

Jesus a Santa Faustina
"Mesmo se os teus sofrimentos fossem os maiores, não perde a serenidade do espírito e não deixa-te vencer pelo desconforto." (Diário, 1487)

Catecismo da Igreja Católica
Santo Agostinho e a Misericórdia

"Enquanto vivemos, lutamos; se continuamos a lutar é sinal de que não nos rendemos e de que o Espírito bom habita em nós." "se a morte não te encontrar como vencedor, deve encontrar-te como lutador." (Santo Agostinho, citado em YOUCAT, pág. 277)

DIA 329 com a DIVINA MISERICÓRDIA — 25 de novembro

Minuto de Misericórdia

Jesus a Santa Faustina
"Diz-Me tudo, fala-Me de tudo, sê sincera no procedimento Comigo, desvenda-Me todas as feridas do teu coração. Eu as curarei, e o teu sofrimento se tornará fonte da tua santificação." (Diário, 1487)

Jesus, eu confio em Vós!

DIA 330 com a DIVINA MISERICÓRDIA — 26 de novembro

Jesus a Santa Faustina
"A causa das tuas quedas é o fato de contares demais contigo mesma e pouco te apoiares em Mim." (Diário, 1488)

DIA 331 com a DIVINA MISERICÓRDIA — 27 de novembro

Jesus a Santa Faustina

"Mas deves saber que a força que tens em ti para suportar os sofrimentos decorre da Santa Comunhão frequente (...)."
(Diário, 1487)

#ObrasdeMisericórdiaCorporais

As obras de misericórdia são ações de caridade pelas quais socorremos o nosso próximo em suas necessidades espirituais e corporais.

Assistir aos enfermos

Nada substitui a interação humana. Você pode enviar um presente, fazer uma ligação, mandar uma mensagem pelo celular, escrever uma carta, mas nada se compara a um sorriso e um abraço. Nada diz que "você é importante", "você tem dignidade", "você é amado" como um encontro pessoal.

ORE

Senhor, ajuda-me a sair de minha zona de conforto nesta semana para levar o teu amor aos necessitados.

DIA 332 com a DIVINA MISERICÓRDIA — *28 de novembro*

Jesus a Santa Faustina

"(...) quando recitarem esse Terço junto aos agonizantes, Eu Me colocarei entre o Pai e a alma agonizante não como justo Juiz, mas como Salvador misericordioso." (Diário, 1541)

#OBRASDEMISERICÓRDIACORPORAIS

As obras de misericórdia são ações de caridade pelas quais socorremos o nosso próximo em suas necessidades espirituais e corporais.

Assistir aos enfermos

"Eu estava doente, e me visitastes." (Mateus 25, 36)

Outra tradução para esta obra de misericórdia é "conforto" ao doente. Em todos os casos, o primeiro passo é chegar aos necessitados. Se eles são doentes fisicamente ou "no coração", encontrando-se no isolamento social; se estão esquecidos, se lhes falta a amizade, uma simples visita... Tudo isso pode ser condutor de cura. O belo aspecto deste ato de misericórdia corporal está em que ele não necessita de riqueza, pesquisa, habilidades, experiência ou mesmo viagens: existem pessoas solitárias perto da maioria de nós, em lares de idosos, hospitais e instalações de cuidados de longo prazo.

DIA 333 com a DIVINA MISERICÓRDIA — *29 de novembro*

Minuto de Misericórdia

Jesus a Santa Faustina

"Minha filha, a vida na Terra é uma luta, e uma grande luta pelo Meu Reino, mas não temas, porque não estás sozinha." (Diário, 1488)

DIA 334 com a DIVINA MISERICÓRDIA — *30 de novembro*

Santa Faustina a Jesus

"Ó Jesus, misericórdia! Envolvei o Mundo todo e estreitai-me ao Vosso Coração... Permiti, Senhor, que minha alma descanse no mar da Vossa inescrutável misericórdia." (Diário, 869)

dezembro

Uma pergunta por mês para vermos o quanto Deus faz novas todas as coisas em nossas vidas ao longo dos anos

DESCREVA UMA MUDANÇA ACONTECIDA EM DEZEMBRO

Ano de 20....

Ano de 20....

Ano de 20....

Ano de 20....

DIA 335 com a DIVINA MISERICÓRDIA — *1º de dezembro*

Santa Faustina a Jesus
"Se eu tivesse tantos corações quantas gotas de água no oceano, quantos grãos de areia em todo o globo terrestre, ofereceria tudo a Vós, ó meu amor, Tesouro do meu coração." (Diário, 1064)

#OMELHORVIRÁ
As coisas ainda podem parecer caóticas, fora de controle, assustadoras, muito dolorosas. Mas em meio ao sofrimento e a dor, podemos encontrar esperança e coragem para ir em frente. Não estamos sozinhos: "Ensinai-lhes a observar tudo o que vos tenho ordenado. Eis que estou convosco todos os dias, até o fim dos tempos" (Mateus 28, 20). Deus está conosco e sempre se preocupa com o que está acontecendo em nossa vida. Além disso, Ele entende nosso penar.

#AVITÓRIAÉNOSSA
Trecho do livro A VITÓRIA É NOSSA, capítulo 10: #Omelhorvirá.

DIA 336 com a DIVINA MISERICÓRDIA — 2 de dezembro

Reflexão de Santa Faustina
"Desejo ser uma silenciosa morada para Jesus, para que Ele possa descansar nela." (Diário, 1021)

#OMELHORVIRÁ
"E era necessário que Jesus fosse em tudo semelhante a seus irmãos, para que ele pudesse ser um sumo sacerdote misericordioso diante de Deus, para expiar os pecados do povo. Como ele próprio sofreu a prova, pode ajudar os que são provados" (Hebreus 2, 17-18). Deus cuida de nós: "Os olhos de todos em ti esperam e tu lhes forneces o alimento na hora certa" (Salmo 145, 15). E definitivamente tem a "última palavra": Eu anuncio lá no começo o que virá por último, lá na origem, o que ainda não foi feito. Eu digo: "O meu projeto fica de pé, vou realizar tudo o que desejo" (Isaías 46, 10).

#AVITÓRIAÉNOSSA
Trecho do livro A VITÓRIA É NOSSA, capítulo 10: #Omelhorvirá.

DIA 337 com a DIVINA MISERICÓRDIA — 3 de dezembro

Reflexão de Santa Faustina
"Sois nosso Pai e nós, Vossos filhos pela graça. Bendita seja a Vossa misericórdia por Vos terdes dignado descer até nós." (Diário, 1745)

Santo Agostinho e a Misericórdia
Não te afastes d'Aquele que te fez, nem mesmo para te encontrares a ti.
(Da continência, IV, 11)

DIA 338 com a DIVINA MISERICÓRDIA — 4 de dezembro

Reflexão de Santa Faustina

"Com grande ansiedade espero o Natal,
vivo na espera junto de Nossa Senhora." (Diário, 829)

"MISERICORDIANDO" COM O PAPA FRANCISCO

"Quando chegou a plenitude do tempo, Deus enviou o seu Filho, nascido de uma mulher" (Gal 4, 4). A história, porém, diz-nos que, quando chegou esta "plenitude do tempo", isto é, quando Deus Se fez homem, a humanidade não estava particularmente preparada, nem era um período de estabilidade e de paz: não havia uma "idade de ouro". A cena deste mundo não era merecedora da vinda de Deus; antes pelo contrário, já que "os seus não O receberam" (Jo 1, 11). Assim a plenitude do tempo foi um dom de graça: Deus encheu o nosso tempo com a abundância da sua misericórdia; por puro amor – por puro amor –, inaugurou a plenitude do tempo.

Viagem apostólica à Polônia por ocasião da XXXI Jornada Mundial da Juventude, 27-31 de julho de 2016

DIA 339 com a DIVINA MISERICÓRDIA — 5 de dezembro

Reflexão de Santa Faustina

"Que grande felicidade é ter a consciência de que Deus está presente no coração, e viver em estreita intimidade com Ele!" (Diário, 1135)

SÃO JOÃO PAULO II, O PAPA DA MISERICÓRDIA

Pela misericórdia de Deus, Pai que reconcilia, o Verbo encarnou no seio puríssimo da Bem-aventurada Virgem Maria para salvar "o povo dos seus pecados" (Mt 1,21) e abrir-lhe "o caminho da salvação". São João Batista confirma esta missão, indicando Jesus como o "Cordeiro de Deus", "Aquele que tira o pecado do mundo" (Jo 1,29).

Misericordia Dei, 1

DIA 340 com a DIVINA MISERICÓRDIA — 6 de dezembro

Maria por Santa Faustina, apóstola da Misericórdia

"Por amor a nós tomais um Corpo da Virgem Imaculada, pelo pecado jamais tocada (...)." (Diário, 1746)

DIA 341 com a DIVINA MISERICÓRDIA — 7 de dezembro

Maria por Santa Faustina, apóstola da Misericórdia

"Para dignamente exprimir a misericórdia do Senhor, unimo-nos com Vossa Mãe Imaculada, porque então o nosso hino Vos será mais agradável – porque Ela é a escolhida dentre os anjos e homens." (Diário, 1746)

DIA 342 com a DIVINA MISERICÓRDIA — *8 de dezembro*

ORE...

Santa Faustina a Maria Santíssima
"Maria, Virgem Imaculada, colocai-me sob a Vossa especial proteção, cuidai da pureza da minha alma, coração e corpo. Vós sois o modelo e a estrela da minha vida." (Diário, 874)

E, enquanto tivermos vida, a nossa alma conservará uma fiel recordação de cada singular benefício recebido do Senhor. Mas logo depois o nosso pensamento suavemente se volve para a maternal proteção da augusta Rainha do Céu; e esta piedosa lembrança viverá indelével no nosso coração, para nos mover a magnificar os benefícios de Maria e a nutrir para com ela a mais sentida gratidão. Dela, com efeito, como de um canal repleto, desce a onda das graças celestes: "nas suas mãos se acham os tesouros das divinas misericórdias" (S. João Damasceno, Sermo I de Nativitate). "É vontade de Deus que ela seja o princípio de todos os bens" (S. Irlneu, Contra Valent. 1, III, c. 33). E nós firmemente esperamos poder encerrar a nossa vida terrena no amor desta terníssima Mãe: amor que com todas as nossas forças sempre nos esforçamos por cultivar e estender sempre mais.

Papa Leão XIII, *DIUTURNI TEMPORIS*

DIA 343 com a DIVINA MISERICÓRDIA — *9 de dezembro*

Reflexão de Santa Faustina
"(...) seja o que for que me fizerdes, Jesus, sempre Vos amarei, pois sou Vossa." (Diário, 1145)

QUANDO ESTOU CHEIO DE PREOCUPAÇÕES...

"Sabemos que tudo contribui para o bem daqueles que amam a Deus, daqueles que são chamados segundo o seu desígnio" (Romanos 8, 28).

... EU FAÇO UMA ORAÇÃO.

Querido Senhor, por favor, ajuda-nos a lembrar de que não importa o que acontece, tu estás finalmente no comando e por isso o melhor virá. Tu sabes tudo, e estarás sempre junto a nós para nos ajudar, e tudo será para o nosso bem. Ajuda-nos a confiar mais em ti, lembrando que ama-nos mais do que nossa própria família e amigos, e que não precisamos nos preocupar, porque até aqui o Senhor já nos ajudou e, no final, tudo dará certo. Concede-nos tua paz. *Amém.*

#AVITÓRIAÉNOSSA
Trecho do livro A VITÓRIA É NOSSA, capítulo 10:
#OMELHORVIRÁ.

DIA 344 com a DIVINA MISERICÓRDIA — 10 de dezembro

Reflexão de Santa Faustina

"Só o amor é capaz de passar por sobre os abismos e pelos cumes das montanhas – amor, e sempre amor." (Diário, 1123)

#AVITÓRIAÉNOSSA

"Graças sejam dadas a Deus que nos dá a vitória por intermédio de nosso Senhor Jesus Cristo" (1 Coríntios 15, 57). Mais do que qualquer outra coisa na vida, precisamos ser capazes de andar em vitória completa – em toda situação. A vitória total e completa foi comprada para nós no Calvário, onde Jesus tomou sobre si os nossos pecados e fracassos. Não somos suficientes para nos libertarmos do pecado sozinhos: a nossa velha natureza pecaminosa tem que ser substituída pela natureza vitoriosa de Cristo. "Cristo em vós, a esperança da glória" (Colossenses 1, 27).

Trecho do livro A VITÓRIA É NOSSA, capítulo 12: A vitória é nossa.

DIA 345 com a DIVINA MISERICÓRDIA — *11 de dezembro*

Reflexão de Santa Faustina

"Deus de grande misericórdia, que Vos dignastes enviar-nos Vosso Filho Unigênito, como maior prova do insondável amor e misericórdia." (Diário, 1122)

TENHO A SEGURANÇA DE UM LEÃO

Temos um Salvador poderoso e potente. Seu nome é Jesus, mas Ele também é conhecido como o "Leão de Judá". Esse nome se origina no livro de Gênesis. O patriarca Jacó ("Israel") deu este símbolo para seu filho Judá e sua tribo em Gênesis 49, 9. Jesus é um descendente do rei Davi, que era da tribo de Judá. Leões são animais poderosos com rugidos fortes, garras afiadas e dentes afiados, destemidamente perseguem e devoram suas presas. Eles não fugirão de qualquer inimigo. Em vez disso, sua presença vai intimidar e despertar medo. Os leões têm o respeito de todos os animais, pois eles reconhecem o seu governo e autoridade. Jesus é todo-poderoso. Ele é poderoso para salvar e vai nos defender e proteger. Ele vai perseguir os nossos inimigos e intimidá-los, qualquer um que se atrever a desafiar a nosso posto. Embora possamos ser importunados pelo mal ou tentações, Jesus estará ao nosso lado no instante em que invocar o seu nome e pedir sua ajuda. Com o Leão de Judá, podemos resistir ao diabo, e ele deve fugir (Cf. Tiago 4, 7).

#AVITÓRIAÉNOSSA

Trecho do livro A VITÓRIA É NOSSA, capítulo 11:
Tenho a segurança de um Leão.

#aVitóriaéNossa

DIA 346 com a DIVINA MISERICÓRDIA — 12 de dezembro

Santa Faustina a Jesus
"Jesus, dai-me inteligência, um grande intelecto, unicamente para Vos conhecer melhor, porque quanto melhor Vos conhecer, tanto mais ardentemente Vos amarei." (Diário, 1474)

PARÁBOLA DA MISERICÓRDIA
Lucas 15, 11-24

E Jesus continuou. "Um homem tinha dois filhos. O filho mais novo disse ao pai: 'Pai, dá-me a parte da herança que me cabe.' E o pai dividiu os bens entre eles. Poucos dias depois, o filho mais novo juntou o que era seu e partiu para um lugar distante. E ali esbanjou tudo numa vida desenfreada. Quando tinha esbanjado tudo o que possuía, chegou uma grande fome àquela região, e ele começou a passar necessidade. Então, foi pedir trabalho a um homem do lugar, que o mandou para seu sítio cuidar dos porcos. Ele queria matar a fome com a comida que os porcos comiam, mas nem isto lhe davam. Então caiu em si e disse: "Quantos empregados do meu pai têm pão com fartura, e eu aqui, morrendo de fome. Vou voltar para meu pai e dizer-lhe: 'Pai, pequei contra Deus e contra ti; já não mereço ser chamado teu filho. Trata-me como a um dos teus empregados.' Então ele partiu e voltou para seu pai. Quando ainda estava longe, seu pai o avistou e foi tomado de compaixão. Correu-lhe ao encontro, abraçou-o e o cobriu de beijos. O filho, então, lhe disse: 'Pai, pequei contra Deus e contra ti. Já não mereço ser chamado teu filho.' Mas o pai disse aos empregados: 'Trazei depressa a melhor túnica para vestir meu filho. Colocai-lhe um anel no dedo e sandálias nos pés. Trazei um novilho gordo e matai-o, para comermos e festejarmos. Pois este meu filho estava morto e tornou a viver; estava perdido e foi encontrado.'"

DIA 347 com a DIVINA MISERICÓRDIA — *13 de dezembro*

Jesus a Santa Faustina

"Porque quero ensinar-te a infância espiritual. Quero que sejas muito pequena, porque, quando és pequena, Eu te carrego junto ao Meu Coração (...)."
(Diário, 1481)

PARÁBOLA DA MISERICÓRDIA, POR PAPA FRANCISCO

O Papa definiu esta parábola como a do "Pai misericordioso": aquele que está sempre pronto a perdoar e que espera, contra qualquer esperança. A propósito da tolerância do pai que permite que o filho mais jovem parta — mesmo sabendo dos riscos que corre —, Francisco disse que "é assim que Deus age conosco: nos deixa também livres para errar, porque ao nos criar, nos deu o grande dom da liberdade. Somos nós que devemos saber utilizá-la bem".

DIA 348 com a DIVINA MISERICÓRDIA — *14 de dezembro*

Jesus a Santa Faustina

"Numa alma que vive exclusivamente pelo Meu amor, reino como no Céu." (Diário, 1489)

#ObrasdeMisericórdiaCorporais

As obras de misericórdia são ações de caridade pelas quais socorremos o nosso próximo em suas necessidades espirituais e corporais.

Os encarcerados também são pessoas à imagem e semelhança de Deus. Não importa o que alguém tenha feito: todos merecem a oportunidade de ouvir a Palavra de Deus e encontrar a verdade da mensagem de Cristo.

Visitar os presos
Gesto concreto

Veja se sua paróquia, ou uma paróquia vizinha, tem um ministério de visitação aos presos. Em caso afirmativo, participe de alguma forma, para que esses irmãos sintam-se visitados pelo próprio Cristo.

Ofereça-se para ajudar ou fazer doações a instituições de caridade que dão presentes de Natal para crianças cujos pais estão na prisão.

DIA 349 com a DIVINA MISERICÓRDIA — *15 de dezembro*

Jesus a Santa Faustina

"Como desejo a salvação das almas! Minha caríssima secretária, escreve que desejo derramar a Minha Vida divina nas almas dos homens e santificá-las, desde que queiram aceitar a Minha graça." (Diário, 1784)

#ObrasdeMisericórdiaCorporais

As obras de misericórdia são ações de caridade pelas quais socorremos o nosso próximo em suas necessidades espirituais e corporais.

ENTERRAR OS MORTOS

Funerais nos dão a oportunidade de lamentar e mostrar apoio aos que se despedem de seu ente querido. É através de nossas orações e ações durante este tempo que mostramos o nosso respeito pela vida (que é sempre um dom de Deus) e oferecemos conforto para aqueles que choram.

GESTO CONCRETO

Envie um cartão ou faça uma visita a alguém que perdeu recentemente um ente querido, para ajudá-lo a encontrar a esperança na ressurreição.

DIA 350 com a DIVINA MISERICÓRDIA — **16 de dezembro**

Santa Faustina a Jesus
"(...) a minha alma Vos deseja, como a flor ao sol." (Diário, 1808)

ALEGRIA

Ó Senhor Jesus, enche-nos de alegria! Se o nascimento de uma criança é motivo de alegria, quanto mais o teu! Oramos em união com Maria, tua mãe, para uma maior alegria neste Natal.

DIA 351 com a DIVINA MISERICÓRDIA — **17 de dezembro**

Santa Faustina a Jesus
"Ó Jesus, Deus oculto, o meu coração Vos sente;
ainda que vos escondam os véus, Vós sabeis que Vos amo."
(Diário, 524)

HUMILDADE

Ó Senhor Jesus, concede-nos a tua grande humildade! Tu nos deste o modelo de perfeita humildade em tua encarnação, vida e morte. Oramos por humildade neste Natal.

DIA 352 com a DIVINA MISERICÓRDIA — **18 de dezembro**

Reflexão de Santa Faustina
"(...) apenas Deus penetra no meu coração. A verdade não desaparece, o coração ferido se acalma com o tempo, e é nas adversidades que o meu espírito se fortalece."
(Diário, 511)

FÉ

Ó Senhor Jesus, dá-nos o dom da fé! Em ti, Senhor, colocamos toda a nossa confiança. Oramos por uma fé viva neste Natal que se aproxima.

DIA 353 com a DIVINA MISERICÓRDIA — 19 de dezembro

Reflexão de Santa Faustina
"Desde este momento, vivo na maior paz, porque o próprio Senhor me carrega em Seus braços." (Diário, 1264)

ESPERANÇA
Ó Senhor Jesus, tu nos traz a esperança que salva! Teu nascimento pela Virgem Maria trouxe uma esperança para o mundo que continua a nos sustentar. Oramos para que essa esperança cresça entre nós neste Natal.

DIA 354 com a DIVINA MISERICÓRDIA — 20 de dezembro

Santa Faustina a Jesus
"Toda a nossa confiança está em Vós, nosso Irmão primogênito, Jesus Cristo, verdadeiro Deus e verdadeiro Homem." (Diário, 1584)

AMOR
Ó Senhor Jesus, inspira-nos com teu amor-doação! Para tornar-te semelhante a nós em todas as coisas, menos no pecado, tu te humilhaste e morreste numa cruz. Oramos para que neste Natal que se aproxima aprendamos a amar com teu amor-doação.

DIA 355 com a DIVINA MISERICÓRDIA — 21 de dezembro

Santa Faustina a Jesus
"Jesus oculto, a Vós apenas minha alma deseja, somente vós sois para mim mais que as delícias do Céu, acima de todos os dons e graças a Vós, apenas, minha alma espera (...)." (Diário, 1427)

PAZ
Ó Senhor Jesus, dá-nos a tua paz! És o Príncipe da Paz, e o cumprimento final de tua encarnação nos traz o céu, de onde a paz virá com perfeição. Oramos pela paz neste Natal.

DIA 356 com a DIVINA MISERICÓRDIA — 22 de dezembro

Santa Faustina a Jesus
"Eu Te espero tanto, ó Senhor, porque unicamente a Ti desejo: Tu és tudo no meu coração, e tudo o mais é o nada." (Diário, 1230)

PERDÃO
Ó Senhor Jesus, move-nos a perdoar os outros como sempre nos perdoas! A tua Divina Misericórdia é infinita! Oramos para que possamos participar de tua misericórdia e perdoar ainda mais a partir neste Natal.

DIA 357 com a DIVINA MISERICÓRDIA — 23 de dezembro

Santa Faustina a Maria Santíssima
"Tua beleza encantou o olhar do Três Vezes Santo, que desceu do Céu, abandonando o trono da sede eterna, e assumiu o Corpo e o Sangue do Teu Coração, por nove meses ocultando-se no Coração da Virgem." (Diário, 161)

SANTIDADE
Ó Senhor Jesus, inspira-nos a rejeitar o pecado! Tu, Senhor, és santo. Oramos para que neste Natal o Senhor nos faça santos e resistamos à tentação.

DIA 358 com a DIVINA MISERICÓRDIA — 24 de dezembro

Reflexão de Santa Faustina
"Uno-me a Nossa Senhora e deixo Nazaré para ir a Belém, onde passarei as Festas de Natal entre desconhecidos, mas com Jesus, Maria e José (...)." (Diário, 795)

VIDA ETERNA
Ó Senhor Jesus, conduz-nos para vivermos eternamente contigo! O teu nascimento não foi sem propósito. Teu objetivo era atrair-nos a Ti. Oramos para recebermos neste Natal, ainda mais, a vida verdadeira que vem de ti.

DIA 359 com a DIVINA MISERICÓRDIA — 25 de dezembro

Santa Faustina a Jesus
"Sede bendito, Deus misericordioso, por vos terdes dignado descer dos céus à terra! Nós Vos glorificamos em grande humildade por Vos terdes dignado elevar todo o gênero humano." (Diário, 1746)

NATAL DO SENHOR
meu aniversário... ore por mim

DIA 360 com a DIVINA MISERICÓRDIA — 26 de dezembro

Santa Faustina a Maria Santíssima
"Ó Mãe, Virgem, ninguém compreenderá que o Deus incomensurável se torne homem, e apenas por Seu amor e Sua misericórdia insondável, por Ti, ó Mãe, nos foi dado viver com Ele pelos séculos." (Diário, 161)

HORA DA VIRADA

Há necessidade de propor e promover uma pedagogia da paz. Esta requer uma vida interior rica, referências morais claras e válidas, atitudes e estilos de vida adequados. Com efeito, as obras de paz concorrem para realizar o bem comum e criam o interesse pela paz, educando para ela. Pensamentos, palavras e gestos de paz criam uma mentalidade e uma cultura da paz, uma atmos¬fera de respeito, honestidade e cordialidade. Por isso, é necessário ensinar os homens a amarem-se e educarem-se para a paz, a viverem mais de benevolência que de mera tolerância... pedagogia da paz implica serviço, compaixão, solidariedade, coragem e perseverança.

BENTO XVI
Mensagem do Dia Mundial da Paz, 1º de janeiro de 2013

DIA 361 com a DIVINA MISERICÓRDIA — 27 de dezembro

Reflexão de Santa Faustina
"Admirou-se o céu que Deus se tornou homem, que existe na terra um coração digno do próprio Deus (...)."
(Diário, 1746)

HORA DA VIRADA

Nenhum homem, nenhuma mulher de boa vontade pode esquivar-se ao compromisso de lutar para vencer o mal com o bem. É uma batalha que se combate validamente somente com as armas do amor. Quando o bem vence o mal reina o amor, e onde reina o amor reina a paz. Tal é o ensinamento do Evangelho reproposto pelo Concílio Vaticano II: "A lei fundamental da perfeição humana e, portanto, da transformação do mundo é o novo mandamento do amor."

SÃO JOÃO PAULO II
Mensagem do Dia Mundial da Paz, 1º de janeiro de 2005

DIA 362 com a DIVINA MISERICÓRDIA — 28 de dezembro

Santa Faustina a Jesus

"Fostes levado pela misericórdia e Vós mesmo Vos dignastes descer até nós e nos levantar da nossa miséria."
(Diário, 1745)

HORA DA VIRADA

A necessidade de defender a Paz, frente aos perigos que continuamente a ameaçam: o perigo da sobrevivência do egoísmo nas relações entre as nações; o perigo das violências, a que algumas populações podem ser arrastadas pelo desespero de não verem reconhecido e respeitado o próprio direito à vida e à dignidade humana; o perigo, hoje tremendamente aumentado, do recurso a terríveis armas exterminadoras, de que algumas potências dispõem, despendendo com isso enormes meios financeiros; cujo gasto é motivo de dolorosa reflexão; diante das graves necessidades que dificultam o desenvolvimento de tantos outros povos.

BEATO PAULO VI
Mensagem do 1º Dia Mundial da Paz, 1º de janeiro de 1968

DIA 363 com a DIVINA MISERICÓRDIA — 29 de dezembro

Reflexão de Santa Faustina

"O meu coração estremece de alegria ao ver como Deus é bom para nós homens. (...) E, como prova do seu amor, nos oferece uma dádiva inconcebível, isto é, a Si mesmo, na Pessoa de Seu Filho." (Diário, 1584)

HORA DA VIRADA
#PAPAFRANCISCO

O povo de Deus "porá a sua confiança no nome do Senhor". Também neste caso uma pergunta muito direta: "Onde está a minha confiança? No poder, nos amigos, no dinheiro? No Senhor!"

Homilia, 15 de dezembro de 2015

DIA 364 com a DIVINA MISERICÓRDIA — *30 de dezembro*

Santa Faustina a Jesus

"Meu coração é Vossa morada, ó Rei de glória eterna, governai em meu coração e reinai nele, como num palácio magnífico." (Diário, 1231)

HORA DA VIRADA #PAPAFRANCISCO

Peçamos ao Senhor que desperte "em cada um de nós e em todo o povo a fé na paternidade divina, na misericórdia, no seu coração". E "que esta fé na sua paternidade e na sua misericórdia" nos torne "um pouco mais misericordiosos em relação aos outros".

DIA 365 com a DIVINA MISERICÓRDIA — *31 de dezembro*

Reflexão de Santa Faustina

"Nada temas, querida alma, quem quer que sejas." (Diário, 598)

Hora da Virada

"Eis que faço novas todas as coisas." Ap 21, 5

Amém!

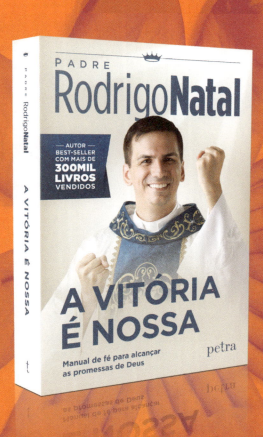

Leia também

A VITÓRIA É NOSSA
Publicado em 2015 pela editora Petra.

Direção geral
Antônio Araújo

Direção editorial
Daniele Cajueiro

Editor responsável
Maristela Ciarrocchi

Produção editorial
Adriana Torres
Daniel Borges do Nascimento

Revisão
Vinícius Louzada

Projeto gráfico e diagramação
Aline Haluch e Letícia Melo | Studio Creamcrackers

Este livro foi impresso em 2016 para a Petra.